SERMONES PARA EL NUEVO MILENIO

Adolfo Robleto

Casa Bautista de Publicaciones

CASA BAUTISTA DE PUBLICACIONES
Apartado Postal 4255, El Paso, TX 79914, EE. UU. de A.
www.casabautista.org
Agencias de Distribución

CBP ARGENTINA: Rivadavia 3474, 1203 Buenos Aires, Tel.: (541) 863-6745. **BOLIVIA**: Casilla 2516, Santa Cruz, Tel.: (591) 342-7376, Fax: (591) 342-8193. **COLOMBIA**: Apartado Aéreo 55294, Bogotá 2, D.C., Tel.: (571) 287-8602, Fax: (571) 287-8992. **COSTA RICA**: Apartado 285, San Pedro Montes de Oca, San José, Tel.: (506) 225-4565, Fax: (506) 224-3677. **CHILE**: Casilla 1253, Santiago, Tel: (562) 672-2114, Fax: (562) 695-7145. **ECUADOR:** Casilla 3236, Guayaquil, Tel.: (593) 445-5311, Fax: (593) 445-2610. **EL SALVADOR:** Av. Los Andes No. J-14, Col. Miramonte, San Salvador, Tel.: (503) 260-1838, Fax: (503)260-1730. **ESPAÑA**: Padre Méndez #142-B, 46900 Torrente, Valencia, Tel.: (346) 156-3578, Fax: (346) 156-3579. **ESTADOS UNIDOS: CBP USA**: 7000 Alabama, El Paso, TX 79904, Tel.: (915) 566-9656, Fax: (915) 565-9008, 1-800-755-5958; 960 Chelsea Street, El Paso TX 79903, Tel.: (915) 778-9191; 4300 Montana, El Paso, TX 79903, Tel.: (915) 565-6215, Fax: (915) 565-1722, (915) 751-4228, 1-800-726-8432; 312 N. Azusa Ave., Azusa, CA 91702, Tel.: 1-800-321-6633, Fax: (818) 334-5842; 1360 N.W. 88th Ave., Miami, FL 33172, Tel.: (305) 592-6136, Fax: (305) 592-0087; 647 4th. Ave., Brooklyn, N.Y. Tel. (718) 788-2484; **CBP MIAMI**: 12020 N.W. 40th Street, Suite 103 B, Coral Springs, FL, 33065, Fax: (954) 754-9944, Tel. (954) 757-9800. **GUATEMALA**: Apartado 1135, Guatemala 01901, Tel: (502) 2-220-0953. **HONDURAS**: Apartado 279, Tegucigalpa, Tel. (504) 381-481, Fax: (504) 379-909. **MEXICO: CBP MEXICO:** Vizcaínas Ote. 16, Col. Centro, 06080 México, D.F., Tel/Fax: 510-3674, 512-4103; Madero 62, Col. Centro, 06000 México, D.F., Tel/Fax: (525) 512-9390; Independencia 36-B, Col. Centro, 06050 México, D.F., Tel.: (525) 512-0206, Fax: 512-9475; Félix U. Gómez 302 Nte. Tel.: (528) 342-2832, Monterrey, N. L. **NICARAGUA:** Módulo 29 A, Centro Comercial Nejapa, Managua, Tel.: (505) 265-1989, Fax: (505) 265-2646. **PANAMA**: Apartado E Balboa, Ancon, Tel.: (507) 264-6469, (507) 264-4945, Fax: (507) 228-4601. **PARAGUAY**: Casilla 1415, Asunción, Fax: (595) 2-121-2952. **PERU**: Apartado 3177, Lima, Tel.: (511) 424-7812, Fax: (511) 440-9958. **PUERTO RICO**: Calle 13 S.O. #824, Capparra Terrace, Tel.: (809) 783-7056, Fax: (809) 781-7986; Calle San Alejandro 1825, Urb. San Ignacio, Río Piedras, Tel.: (809) 764-6175. **REPUBLICA DOMINICANA**: Apartado 880, Santo Domingo, Tel.: (809) 565-2282, (809) 549-3305, Fax: (809) 565-6944. **URUGUAY**: Casilla 14052, Montevideo 11700, Tel.: (598) 2-309-4846, Fax: (598) 2-305-0702. **VENEZUELA**: Apartado 3653, El Trigal 2002 A, Valencia, Edo. Carabobo, Tel/Fax: (584) 1-231-725, Celular (581) 440-3077.

Clasificación decimal Dewey: 236.9
Temas: 1. Segunda venida de Cristo. 2. Milenio

Primera edición: 1999

ISBN: 0-311-43051-1
C.B.P. Art. No. 43051
3 M 11 99

Printed in U.S.A.

Indice

Presentación

El manuscrito de este libro, el último que mi padre escribió, fue descubierto después de su muerte. Y la sorpresa de este descubrimiento ha llenado de gozo los corazones de todos los miembros de su familia, al igual que de sus más íntimos amigos.

Nosotros, los que en vida le conocimos y le amamos, permanecemos agradecidos con la Casa Bautista de Publicaciones al haber tomado la decisión de publicar este libro que confiamos será de mucha bendición para todo aquel que lo lea.

Mi padre, el reverendo Adolfo Robleto, fue pastor, evangelista, escritor y poeta cristiano. Los que tuvimos la dicha de conocerle sabemos que fue un fiel siervo de Dios quien sin titubeos dedicó su vida a la obra de predicar, enseñar y explicar el evangelio de Cristo Jesús. Esta obra, por ser la última que escribió, representa su último esfuerzo de obediencia al llamado de Dios que él desde niño aceptó.

El tema de este libro trata acerca de doctrinas bíblicas escatológicas que con el trasfondo histórico del fin de un milenio y principio de otro con renuedo fuerza al hombre a pensar y revaluar su existencia como ser viviente y consciente dentro de un universo no creado por él. Este libro ofrece al lector, en breve, mucha claridad de entendimiento de la revelación bíblica acerca del propósito de la vida del hombre y el plan de

Dios de vida eterna. No es el hombre el que tiene en sus manos las riendas de la historia, sino Dios, el Creador, él es quien dicta con soberana autoridad el principio y dirección de todas las cosas. ¡Qué bueno es poder reconocer el hecho que Dios tuvo a bien escoger fieles predicadores que anunciaran con autoridad su mensaje de salvación para el hombre! Muchas gracias reverendo Robleto... más fuerte que la muerte es el amor.

Daniel Omar Robleto

Prefacio

Mis amados hermanos en la fe de Jesucristo, con el auxilio del Espíritu Santo inicio una serie de ocho estudios dentro del área bíblica general de la escatología. El propósito es que los que ya somos creyentes en Jesucristo crezcamos en el conocimiento de él y profundicemos en el entendimiento de las preciosas verdades de Dios, las cuales nos son enseñadas por el Espíritu Santo en las páginas del sagrado Libro, la Biblia. Y también, el propósito es que quienes no conocen a Jesucristo como el Salvador del alma y el Señor de la vida, oyendo la Palabra de verdad y el evangelio de nuestra salvación, lleguen a tener la bendita experiencia de creer en Cristo y entregarse a él, a fin de obtener la vida eterna, porque "la fe viene por el oír, y el oír por la palabra de Dios".

Empecemos por definir términos. La teología es la ciencia y el estudio de Dios. Algunos llaman a la teología "la reina de las ciencias", y la razón es porque, en verdad, todo conocimiento e investigación intelectual arranca de la afirmación fundamental de que Dios es el Ser supremo, infinito y eterno, y de que todas las cosas tienen su origen en él y son sostenidas por él.

Los temas principales de estudio dentro de la teología son estos:

1. La antropología, o sea, la doctrina del hombre.
2. La soteriología, que es la doctrina de la salvación.
3. La eclesiología, que trata del estudio de la iglesia.
4. La escatología, que es la parte de la teología que se refiere a las últimas cosas, es decir, a las postrimerías del hombre.

CAPITULO 1

La vida, el don supremo del amor y del poder de Dios

Salmo 36:7-9; Juan 1:1-5; 17:3

Es lógico que, al escribir sobre la escatología, empecemos con el estudio de la vida como tema, como concepto, como realidad. Hablemos sobre esta cosa misteriosa y maravillosa que llamamos vida; sobre esta preciosidad a la que todos nos aferramos, porque en nosotros, como seres vivos, el instinto más fuerte y más poderoso que hay es el de la conservación. Los seres humanos somos capaces de hacer hasta lo imposible con tal de salvar, de conservar la vida. La esencia misma de la vida es el anhelo de vivir, y este anhelo está sembrado profundamente en nuestra naturaleza. Es así como nos hizo Dios nuestro Creador.

Voy a desarrollar este tema planteando varias preguntas importantes, y contestándolas con lo que la Palabra de Dios nos dice. Porque los grandes interrogantes de la existencia y los misterios profundos de la vida tienen su respuesta fidedigna y correcta en la Palabra de Dios. De modo que a ella recurrimos en la búsqueda de esa luz que nuestra mente necesita, que robustece nuestra fe y que da coherencia a nuestra esperanza.

¿Qué es la vida?

Los poetas, los escritores y, por supuesto, los teólogos han intentado responder a esta pregunta y definir la vida. Los pintores vuelcan sobre el lienzo de sus creaciones artísticas su visión de la vida. Los grandes compositores también inmortalizan en sus armonías los conceptos que su genio concibe acerca de la vida.

El célebre dramaturgo español, Pedro Calderón de la Barca, contesta la pregunta con sus conocidos versos:

> ¿Qué es la vida? Un frenesí.
> ¿Qué es la vida? Una ilusión.
> Que toda la vida es sueño,
> Y el mayor bien es pequeño,
> Y los sueños, sueños son.

En la Biblia, el patriarca Job escribió:

> Acuérdate de que mi vida es un soplo (Job 7:7).

Y Santiago, el escritor sagrado, dice:

> Vosotros, los que no sabéis lo que será mañana, ¿qué es vuestra vida? Porque sois un vapor que aparece por un poco de tiempo y luego se desvanece (Stg. 4:14).

Y también David, el salmista, alude a este aspecto del carácter transitorio de la vida, en las siguientes palabras:

> Hazme saber, oh Jehovah, mi final, y cuál sea la medida de mis días. Sepa yo cuán pasajero soy. He aquí, has hecho que mis días sean breves; mi existencia es como nada delante de ti. De veras, sólo vanidad es todo hombre en su gloria. En la oscuridad deambula el hombre; de veras, en vano se inquieta por acumular, y no sabe quién lo recogerá (Sal. 39:4-6).

Vida es estar consciente de que pertenecemos a una fracción del tiempo y que nos desplazamos o movemos en una dimensión limitada de espacio.

Vida es tener voluntad propia. Vida es estar consciente de que aun cuando todos los seres humanos somos semejantes unos a otros, hay también una distinción clara; es decir, yo soy yo, distinto de los demás, y los demás son distintos de mí. Hay el "yo" aquí y el "tú" allí.

¿Quién da origen a la vida?

Dios es el Autor y el Sustentador de la vida

La declaración bíblica dice así:

> Entonces Jehovah Dios formó al hombre del polvo de la tierra. Sopló en su nariz aliento de vida, y el hombre llegó a ser un ser viviente (Gén. 2:7).

Aquí se establece claramente que Jehovah Dios es quien da origen a la vida. Aquí no encaja la llamada teoría de la evolución. La vida no puede ser producto de la evolución. Es lógico inferir que sólo lo que es vida puede producir vida. Y Dios es el Ser vivo y supremo. En él y por él se origina todo. Porque él es vida es que puede dar vida. "Pues Dios no es Dios de muertos, sino de vivos; porque para él todos viven", es la interesante afirmación que leemos en Lucas 20:38. En Hebreos 12:9 a Dios se le llama el "Padre de los espíritus". Y David, en el Salmo 36:9 nos dice: "Ciertamente contigo está el manantial de la vida; en tu luz veremos la luz." Un manantial es una fuente de la que mana agua, y Dios es el manantial del que fluye o mana la vida. Todavía hay otra declaración bíblica, la cual es importante en este sentido del origen de la vida: "En él estaba la vida, y la vida era la luz de los hombres" (Juan 1:4).

Si la vida no viene de Dios, entonces, ¿de dónde procede? Lo anterior nos convence de que no puede haber otra respuesta: Dios es el autor y el sustentador de la vida.

La vida física empieza en el momento de la concepción

¿Cuándo empieza una llama de fuego o de luz? En el instante mismo en que se enciende esa llama o luz. Este es el fenómeno físico-químico que la ciencia llama combustión, la acción y efecto de quemar o arder. Con esta analogía ilustramos el comienzo de la vida física en el vientre de una mujer: cuando un espermatozoide masculino se encuentra con un óvulo femenino y se anidan en la trompa de Falopio. Claro, el misterio de la vida va más hondo que eso; pero, hasta donde los conocimientos de la biología nos llevan, todo esto es el mecanismo por el que Dios produce la vida. Así, pues, en el proceso de la vida física, el hombre y la mujer son solo instrumentos en las manos de Dios, el verdadero creador y originador de la vida.

La vida y el aborto

Y ya que hablamos de la vida como algo que Dios origina, permítame, en esta coyuntura de nuestras reflexiones, referirme brevemente al asunto del aborto. Por supuesto, hay el aborto accidental acerca del cual no se puede culpar a nadie. Y el aborto inducido como una medida extrema de emergencia cuando está en grave peligro la vida física de una mujer embarazada. Pero el aborto que se provoca como modo expreso para interrumpir el embarazo por razones meramente humanas y egoístas, viene a ser, realmente, la comisión de un acto criminal. Es absolutamente contrario a la voluntad de Dios y a lo sagrado de la vida humana. Bíblicamente hablando, el aborto bajo tales circunstancias y condiciones, viene a ser la comisión de un delito. Es la infracción impune del mandamiento: “No cometerás homicidio” (Exo. 20:13).

Los defensores del aborto, como práctica generalizada y legalizada, alegan que durante las primeras semanas del embarazo todavía el feto no constituye una vida humana formada. Esto, según ellos, los absuelve de cometer infanticidio al provocar el aborto. Pero este no es un argumento lógico y de validez. Lo cierto es que la vida comienza en el momento mismo de la concepción, y es Dios quien permitió que esa vida comenzara. Y si Dios es el autor de la vida, también es el único que tiene el derecho de quitarla o cortarla según sus planes.

Entonces, la capacidad de reproducción biológica que Dios puso en nuestros cuerpos, por un lado es una bendición inmensa, y por el otro lado es una responsabilidad tremenda. Es algo que Dios nos dio para garantizar la reproducción orgánica de la especie humana y que también nos lo dio como deleite, como un placer legítimo. En su uso debemos ser sabios, responsables y ajustarnos, como seres inteligentes y temerosos de Dios, a las normas y los principios morales que el Legislador supremo nos ha delineado en su Palabra. Como cristianos debemos ser apoyadores de la vida y no los destructores de ella. En una medida pequeña, pero real, somos colaboradores con Dios en el maravilloso y sublime misterio de la vida. Hemos recibido vida y podemos transmitir vida.

¿Para qué es la vida?

Todo lo que Dios hace lo hace con y para un propósito. No hay nada que sea fortuito, producto del azar, y que no tenga un objetivo. Siempre hay un propósito en lo que la mente suprema traza. Y, por supuesto, la vida tiene un propósito.

Cada quien hace lo que quiere con su vida. Sin embargo, es bueno reconocer que Dios ha establecido sus leyes y ha fijado límites. Asimismo, nos ha capacitado para que nos desempeñemos positivamente y contribuyamos en los propósitos últimos que Dios ha delineado. Y sigue siendo cierto que una de las cosas hermosas de nuestra existencia como criaturas racionales es que no sólo tenemos el derecho sino también la responsabilidad de vivir nuestra vida con propósito.

La parábola del hijo pródigo ilustra esta verdad. El hijo menor hizo lo que le vino en gana hacer con su vida. Desde luego que lo que se propuso no fue lo mejor, pero fue lo que él quiso. El individuo puede aprovechar su vida y hacerla útil y de bendición, y también puede malgastarla y reducirla a escombros inservibles. La vida, de esta manera vista, es un proceso de edificación o de desintegración; eso dependerá del propósito que nosotros mismos nos formulemos. En cierto sentido la vida de uno se inmortaliza si hacemos el bien; o se desvanece si hacemos el mal. Nosotros pasamos, pero sólo relativamente. Aunque en el tiempo y en el espacio nos desplazamos de un momento a otro y de un sitio a otro, siempre hay algo de nosotros que permanece.

De todos los usos, el mejor uso que podemos hacer de la vida es dársela a Dios. Dios hace la vida; el diablo la deshace; y Jesucristo la rehace. De sobre la obscuridad de los fracasos, Dios siempre puede encender una luz de esperanza. La vida hay que vivirla con propósito.

En muchos sentidos y por mil razones el apóstol Pablo fue un hombre prominente en la historia de la humanidad. Despidiéndose de los ancianos de la iglesia cristiana en Efeso, y a quienes los había convocado en Mileto en su ruta de regreso a Jerusalén, les hizo una declaración que puso al desnudo su corazón lleno de fe. Les dijo:

> Sin embargo, no estimo que mi vida sea de ningún valor ni preciosa para mí mismo, con tal que acabe mi carrera y el ministerio que recibí del Señor Jesús, para dar testimonio del evangelio de la gracia de Dios (Hech. 20:24).

La vida, ¿para qué es la vida? ¿Ya ha descubierto usted el propósito de su vida?

¿Qué es la vida eterna?

Se mencionan varias clases de vida

Está la vida física, la vida espiritual, la vida vegetativa, animal, racional o intelectual. La Biblia, sin embargo, nos habla principalmente de "la vida eterna". Esta es una frase bíblica muy rica en significado y aparece muchas veces, principalmente en el Nuevo Testamento. Nuestro Señor Jesucristo con frecuencia se refirió a la vida. Una de sus declaraciones más importantes fue esta:

> Yo he venido para que tengan vida, y para que la tengan en abundancia (Juan 10:10b).

Aquí su persona se liga íntimamente con el poder de dar vida, vida abundante. Pero, "la vida eterna", ¿qué es? En la Biblia hay algunos textos clave sobre la vida que nos ayudarán a responder esta pregunta.

> Porque de tal manera amó Dios al mundo, que ha dado a su Hijo unigénito, para que todo aquel que en él cree no se pierda, mas tenga vida eterna (Juan 3:16).

> Jesús le dijo: Yo soy el camino, la verdad y la vida; nadie viene al Padre sino por mí (Juan 14:6).

> Y éste es el testimonio: que Dios nos ha dado vida eterna, y esta vida está en su Hijo. El que tiene al Hijo tiene la vida; el que no tiene al Hijo de Dios no tiene la vida. Estas cosas os he escrito a vosotros que creéis en el nombre del Hijo de Dios, para que sepáis que tenéis vida eterna (1 Jn. 5:11-13).

Pero quizá, el versículo cumbre que nos dice qué es la vida eterna es el siguiente:

> Y ésta es la vida eterna: que te conozcan a ti, el único Dios verdadero, y a Jesucristo a quien tú has enviado (Juan 17:3).

Según la declaración de Jesucristo, la esencia de la vida eterna es conocer a Dios en primer lugar. Ahora bien, este conocimiento más que intelectual es relacional, experimental. Y es que, realmente, primero hay que tener la experiencia de Dios para después saber algo de él y entenderlo mejor. En el griego, idioma en que se escribió el Nuevo Testamento, la palabra *gnosis* significa conocimiento intelectual y general; pero hay otra palabra, *epignosis*, que se refiere a un conocimiento más profundo, como el que se obtiene mediante una experiencia personal. Esta segunda palabra es la que se emplea en este versículo.

La verdad que aflora del significado de este término es significativa, profunda y hermosa. El hombre adquiere el conocimiento experimental de Dios mediante la fe en Jesucristo. De ahí la otra parte del versículo: "Y a Jesucristo, a quien tú has enviado." O sea, que el hombre conoce a Dios por medio de su fe en Jesucristo. Además de ser esto la esencia de la vida eterna, es también el corazón del evangelio. El evangelio es el mensaje de salvación, y le proclama al hombre pecador que para ser salvo debe primero arrepentirse de sus pecados y creer en Cristo.

El versículo también nos dice: "que te conozcan a ti, el único Dios verdadero". Esto es fundamental e importantísimo, porque el creer en dioses falsos y la veneración de ídolos e imágenes es un error funesto; en vez de acercarnos a Dios nos aleja de él. El monoteísmo, es decir, la creencia en un solo Dios, es la roca de sostén de la fe auténtica. De igual manera, el conocimiento, la aceptación y la experiencia de que el Dios único y verdadero se nos ha revelado en Jesucristo, es lo que precisamente constituye la vida eterna. Una vez que somos poseedores de esta vida eterna se inicia en nosotros los creyentes un proceso de innumerables manifestaciones. Todas ellas son maravillosas, y tienen su culminación completa y de gloria en el momento de la resurrección de nuestro cuerpo en adelante, por la eternidad.

Para esto vino Jesucristo al mundo, para hacer posible que los hombres, mediante el arrepentimiento y la fe, llegasen a ser salvos. También para que fuéramos justificados por la sangre de Jesucristo, hijos de Dios y herederos de la gloria y de la vida eterna.

Ahora bien, cuando la Biblia habla de "vida eterna", realmente está hablando más que de vida cuantitativa. Es decir, el aspecto que se destaca no es tanto el de la longitud de tiempo sino el de clase o carácter de vida. Sí, es cierto que vida eterna es vida sin fin, que no se termina. Y también que en el presente, todo lo medimos con la medida del tiempo, pero la Biblia nos dice que "ya no hay más tiempo" (Apoc. 10:6).

Conclusión

Sí, la vida es una expresión hermosa del amor de Dios y una evidencia de su poder. Usted tiene vida, y eso explica el hecho de que pueda estar leyendo este libro. Yo tengo vida, y esto da razón de por qué puedo expresarme. Y millones y millones de seres humanos viven en el presente sobre la faz de la tierra. Las manifestaciones de esta vida, la vida física y racional, están por todas partes. Al ser conscientes de que somos seres humanos vivos, ¿cómo podríamos atrevernos a negar que hay un Dios, quien es el creador, el originador y el sustentador de todas las cosas? La fe, en el ámbito de la existencia de las cosas y de la vida, es una actitud lógica y natural de la mente, y un sentimiento saludable e inevitable del corazón.

También he hecho alusión a otras clases de vida; pero, sin lugar a dudas, el resumen es que la mejor de las varias clases de vidas que hay es la que la Biblia llama "la vida eterna". Esta es la vida que Dios le ofrece en Jesucristo. Esta es la vida que Cristo vino a darnos, y como él dice, a dárnosla "en abundancia" (Juan 10:10). Esta es la vida que usted puede obtener, si no la tiene todavía. ¿Cómo hacerlo? Si tan solo abre su corazón por la fe y confía en Jesucristo, el Hijo de Dios como su único, suficiente y personal Salvador.

A la luz de todas estas verdades y de estas reflexiones la pregunta es: ¿Qué está haciendo con su vida? ¿La está viviendo útilmente?

A través de su vida, ¿es usted un canal de bendiciones para otros? Cuando deje de existir sobre el escenario de este tiempo y del mundo, ¿dejará tras de sí alguna contribución valiosa y positiva a la humanidad? El reto es esforzarse conscientemente a vivir la vida que vale, es decir, la vida de servicio y de amor a los demás. Si así lo hace, estará agregando años a su vida y vida a sus años.

Pero, por sobre todas las cosas, crea de todo corazón en Jesucristo, recíbale mediante la fe y el arrepentimiento como el Salvador de su alma y el Señor de su vida. Esta es la experiencia del nuevo nacimiento mediante el cual entrará en el reino de los cielos, vendrá a ser un hijo de Dios, obtendrá el perdón de sus pecados por la sangre de Cristo y, ¡gócese en ello! Será heredero de la gloriosa vida eterna.

Piense de nuevo y con seriedad en estas palabras:

> El que tiene al Hijo tiene la vida; el que no tiene al Hijo de Dios no tiene la vida (1 Jn. 5:12).

Es mi oración ferviente a Dios que el Espíritu Santo ilumine su mente a fin de que entienda bien el mensaje del evangelio, y que mueva su voluntad a fin de que se decida en este mismo momento a permitir por la fe que Cristo entre en su corazón y le salve. También para que el Espíritu Santo redarguya su conciencia a fin de que reconozca que es un pecador, y que se arrepienta de todo lo malo que ha hecho para que "la sangre de Jesucristo el Hijo de Dios le limpie de todo pecado".

Aunque el mundo valora la vida de una manera distinta, los creyentes en Jesucristo debemos vivir la visión de la vida cristiana de tal manera que contagie a los que nos rodean.

Al llegar el siglo XXI, parecería que la vida pudiera terminar, cambiar, o sufrir drásticos procesos de cambios. La certeza de la vida eterna debe mover al creyente a vivir su vida como Dios lo instruye.

CAPITULO 2

La muerte

Génesis 2:15-17; 5:5; Romanos 5:12;
1 Corintios 15:54, 55

Porque la Biblia es el libro de Dios es que nos habla de la vida; y porque es el libro del hombre es que nos habla de la muerte. Ninguna otra fuente literaria posee la facultad de hablarnos con autoridad y exactitud acerca de estos dos eventos. De manera que con plena confianza podemos y debemos acercarnos a este maravilloso depósito de verdades reveladas, y encontrar allí las respuestas correctas a estos dos fenómenos misteriosos: la vida y la muerte.

Y es que en el fondo de estas dos realidades hay una ley inexorable: Todo lo que nace crece y después muere. O sea, todo lo que tiene principio también tiene fin. El hombre tuvo principio y por eso tiene fin: muere. Pero Dios nunca comenzó a ser; por consiguiente, nunca muere.

Cuál es el origen de la muerte

Si la muerte es un hecho, inevitable por cierto, en todos los seres humanos sobre la tierra, es justo entonces que queramos investigar sobre el origen o el porqué de la muerte.

El relato bíblico nos dice que cuando Dios puso a Adán y a Eva en el huerto del Edén, Jehovah Dios les dijo que podían comer de todo árbol del huerto. Pero también les hizo la advertencia de que si comían del árbol de la ciencia del bien y del mal, ciertamente morirían. El caso es que ellos comieron del fruto prohibido y de esa manera desobedecieron el mandamiento de Dios. El acto de Adán y Eva fue pecado de desobediencia. Luego, cuando Jehovah Dios desciende al huerto y confronta a Adán, maldiciéndolo le dijo:

> Con el sudor de tu frente comerás el pan hasta que vuelvas a la tierra, pues de ella fuiste tomado. Porque polvo eres y al polvo volverás (Gén. 3:19).

Estas palabras son una gráfica descripción de la muerte, y así nos lo dice también el escritor del libro de Eclesiastés: "es que el polvo vuelve a la tierra, como era" (Ecl. 12: 7a).

Queda claro, entonces, que la muerte se originó en los progenitores del género humano, Adán y Eva. Fue un resultado directo e inevitable de su desobediencia y en cumplimiento de las palabras de advertencia que Dios les había dicho con anticipación a nuestros primeros padres.

Qué es la muerte

¿Qué es la muerte? Desde luego, ninguno de nosotros puede responder a esta pregunta con su propia experiencia. El porqué es simple: nosotros no hemos muerto, y una vez que muramos será imposible hacerlo. La respuesta correcta se puede dar sólo por nuestra propia observación, por cierta intuición natural presente en nuestra naturaleza racional y, especialmente, por las enseñanzas que encontramos reveladas en la Biblia.

A continuación analizaremos seis declaraciones claras, lógicas y bíblicas respecto a qué es la muerte.

1. La muerte es cesación de vida

La vida humana y física, tal como la conocemos y la sentimos, termina, llega a un paro completo. En el individuo que muere, el cerebro deja de pensar, la sangre deja de circular, la nariz deja de respirar, los músculos ya no se mueven. En el individuo que está muerto, toda actividad se paraliza absolutamente. Lo que pudiéramos llamar la ley del desgaste, del deterioro ha llegado a su culminación. Dice el escritor bíblico:

> Todo lo que te venga a la mano para hacer, hazlo con empeño. Porque en el Seol, a donde vas, no hay obras, ni cuentas, ni conocimiento, ni sabiduría (Ecl. 9:10).

Aquí vemos que la muerte pone fin definitivo a toda actividad de la vida presente en el cuerpo. Cuando la muerte ocurre no seguimos viviendo más como lo hacemos ahora.

2. La muerte, proceso orgánico de desintegración

En relación con esta declaración, permítanme referirme a una interesantísima declaración del apóstol Pablo; declaración biológicamente cierta y científicamente exacta: "De manera que en nosotros actúa la muerte, pero en vosotros actúa la vida" (2 Cor. 4:12).

Inicialmente pareciera que hay una contradicción: ¿cómo pueden la muerte y la vida actuar al mismo tiempo en el cuerpo? ¿Cómo, si ambas son opuestas entre sí? A fin de entender esto, fijémonos en los siguientes aspectos:

a. Los fisiólogos nos dicen que las células de los tejidos del cuerpo, con excepción de las células del cerebro y las del corazón, mueren y se renuevan cada siete años. Es decir, hay en nuestro cuerpo algo que muere y que al mismo tiempo se renueva. O como lo dice el Apóstol: "en nosotros actúa la muerte, pero en vosotros actúa la vida" (2 Cor. 4:12).

b. La vida es una suma que se convierte en resta, porque cuando decimos que estamos cumpliendo un año más de vida, realmente es un año menos de nuestra existencia humana sobre la tierra. Aquí, pues, se da el fenómeno curioso de que al sumar se está restando. Es correcto entonces decir que mientras vivimos estamos muriendo.

c. Esto es como la cinta de un casete, que para grabar un mensaje o una música, se está enrollando por un lado del carrete y al mismo tiempo se está desenrollando por el otro lado. No debe ser, pues, nada extraño para nosotros que dos cosas que de cierto modo son contrarias entre sí, ocurran simultáneamente.

d. Y es también como cuando estamos entrando en algún lugar; entramos en un lugar porque, forzosamente, estamos al mismo tiempo saliendo de otro lugar.

Quiere decir, entonces, que cada minuto que vivimos es un minuto que morimos. Biológicamente hablando, la vida es un proceso degenerativo que culmina en la muerte física. En el momento en que una criatura nace, en ese momento empieza también a morir.

¿Cómo se entiende la advertencia que Jehovah le hizo a Adán cuando le dijo: "pero del árbol del conocimiento del bien y del mal no comerás, porque el día que comas de él, ciertamente morirás" (Gén. 2:17)? Y Adán comió del fruto prohibido por Dios, pero la Biblia no nos dice que Adán murió físicamente en ese día. La explicación es que en realidad la muerte es un proceso degenerativo en el cuerpo humano y es también una culminación de paro físico definitivo del cuerpo. En el mismo instante cuando él comió del fruto, en ese momento se inició en el cuerpo de Adán el proceso degenerativo: "Todos los años que vivió Adán fueron 930, y murió" (Gén. 5:5). De manera que razón tiene la Biblia cuando nos dice que "en nosotros actúa la muerte, pero en vosotros actúa la vida".

A la luz de esa interesante declaración del Apóstol podemos agregar, como corolarios, estos pensamientos:

1. Los días de nuestra vida están contados (véase Job 14: 1-6). En este pasaje se establecen claramente dos hechos: la vida del hombre es relativamente corta; y que Dios ha determinado el número de los días del ser humano. En otras palabras, la vida física tiene un límite, y ninguno puede ir más allá de ese límite; no importa los muchos esfuerzos que el hombre haga. De modo que la vida del hombre es como un mecate que se desgasta o como una vela que se consume. Nadie sabe cuándo será el día de su muerte, pero sí todos sabemos que un día moriremos.

2. No podemos aumentar días a nuestra vida, pero sí es posible agregar vida a nuestros días (Juan 10:10b). Cuando por la determinación de Dios al ser humano le llega el término de sus días, no puede prolongar su existencia ni siquiera por un minuto más. "Entonces, tal como está establecido que los hombres mueran una sola vez" (Heb. 9:27). Sin embargo, una cosa sí es posible, y es agregar vida a nuestros días. Si vivimos desde un ángulo de fe y si experimentamos el gozo del Señor, es seguro que disfrutaremos de la vida con una calidad superior y en una intensidad mayor. De lo contrario, la vida viene a ser una mera existencia, los años se vuelven fastidiosos y la vida se torna lánguida, quejumbrosa y mediocre.

3. Ninguno puede vivir más del tiempo que Dios ha determinado que viva, pero es posible que el individuo muera "antes de tiempo" si nosotros mismos, con nuestro mal comportamiento, socavamos nuestra existencia. El que comete suicidio, por ejemplo, o el que poco a poco se está matando a sí mismo a consecuencia de sus vicios. Ese individuo, aun a sabiendas, está acortando el número de sus días. Claro está, quien atenta de esa manera contra su vida, está cometiendo pecado y después de su muerte lo que le espera es el juicio.

3. La muerte, consecuencia directa del pecado

Es decir, si no hubiera pecado, tampoco habría muerte.

> Porque la paga del pecado es muerte... (Rom. 6:23).

> Por esta razón, así como el pecado entró en el mundo por medio de un solo hombre, y la muerte por medio del pecado, así también la muerte pasó a todos los hombres, por cuanto todos pecaron (Rom. 5:12).

De modo que se puede establecer este principio bíblico: El pecado es la semilla que siembra muerte en el cuerpo del hombre. Adán, por su desobediencia, manchó su naturaleza y la hizo pecaminosa. Y nosotros, todas las criaturas humanas, sin excepción, y por ser descendientes de Adán y Eva, heredamos de ellos dos cosas tremendas y nefastas: una naturaleza de inclinación al pecado, y la muerte, que es el salario que el pecado se cobra. Así, pues, el pecado y la muerte siempre estarán íntimamente ligados. El pecado es la causa y la muerte es el resultado.

4. La muerte es nuestro enemigo

Todo lo que se opone o le causa daño a la vida es nuestro enemigo. En el caso de la muerte, ésta es una enemiga poderosa. Quien lucha contra la muerte, siempre termina derrotado y vencido. Pero la Biblia tiene para nosotros los creyentes en Cristo una declaración de esperanza y victoria: "El último enemigo que será destruido es la muerte" (1 Cor. 15:26).

La victoria sobre la muerte está en las manos de Dios, y él es más poderoso que todos y que todas las cosas. Esta es una razón por qué nosotros los cristianos miramos con plena confianza aun más allá de la muerte. Es como cuando en la noche nos acostamos a dormir, lo hacemos con la esperanza de que después despertaremos y veremos la luz de un nuevo amanecer. Bendita promesa es esta: la muerte será vencida.

5. La muerte es el arma de Dios para abatir el orgullo humano

Filosóficamente, la realidad de la muerte es la fuerza que abate al humano. El hombre debe reconocer que es finito, débil y mortal. No tiene nada que no lo haya recibido. Su capacidad para hacer algunas cosas le fue dada por Dios. En un mundo en el que Dios es soberano, la humildad es la virtud más consecuente con lo que el hombre es. No hay armas contra la muerte. Toda gloria humana termina en el sepulcro:

> No hay hombre que tenga poder sobre el hálito de la vida, como para retenerlo, no hay poder sobre el día de la muerte. No hay tregua en semejante guerra, ni la impiedad librará a los que la poseen (Ecl. 8:8).

6. La muerte física, un suceso necesario

Pero también hay una respuesta pragmática: en el orden presente de las cosas la muerte física viene a ser un suceso necesario, porque, no pudiendo desembarazarnos completamente de sus efectos contraproducentes, llega un momento en nuestra existencia cuando hasta nos sentimos cansados y quizá aun aburridos de vivir. Cuántos individuos hay que aun viviendo rodeados de muchas riquezas, miran a la muerte como una ansiada puerta de escape. Y es que la muerte le pone fin al sufrimiento humano. Para quien sufre de un dolor insoportable, se consuela con el pensamiento de que se va a morir y así su dolor se terminará.

Y hay más todavía. ¿Qué si de todos los descendientes de Adán y Eva ninguno de ellos hubiese muerto? Realmente, el problema del exceso de población sería tan enorme y tan terrible, que la vida humana se volvería imposible sobre la tierra. De cierto modo, la muerte introduce un necesario equilibrio poblacional, y quienes mueren le dejan el campo a quienes nacen y, dentro de este ciclo, la vida humana sigue siendo una realidad sobre la tierra. Entonces, mirando todo este asunto desde cierto ángulo, bien podríamos decir que la muerte viene a ser una bendición, o una medida necesaria para la continuación del género humano.

Tres clases de muertes

1. La muerte física

Esta es la separación del espíritu del cuerpo; o sea, cuando el espíritu sale del cuerpo. El cuerpo es lo que muere; el espíritu sigue viviendo en estado consciente. Esto es lo que nos da a entender la Biblia, en las palabras de Santiago:

> Porque tal como el cuerpo sin el espíritu está muerto, así también la fe sin obras está muerta (Stg. 2:26).

2. La muerte espiritual

Los hombres sin Cristo están muertos espiritualmente. La Biblia dice: "...estabais muertos en vuestros delitos y pecados" (Ef. 2:1). La muerte espiritual es falta de comunión con Dios en la vida presente. Son aquellas personas que viven sólo físicamente, porque el espíritu de ellas está muerto, es decir, completamente indiferente a Dios y a las cosas de Dios. Esta es la condición de nulidad en la que viven todos cuantos, aun habiendo oído "la palabra de verdad", no han abierto su corazón para recibir a Cristo como el Salvador único y suficiente.

3. La muerte eterna

Esta muerte consiste en la separación eterna del hombre, en cuerpo y alma; y después de la resurrección y del juicio final, de Dios, del cielo y de la vida eterna. La Biblia dice:

> porque todos pecaron y no alcanzan la gloria de Dios (Rom. 3:23).

> El que cree en él no es condenado; pero el que no cree ya ha sido condenado, porque no ha creído en el nombre del unigénito Hijo de Dios (Juan 3:18).

De estas tres muertes, la muerte física nos ocurrirá a todos. En cuanto a la segunda muerte, todos los individuos que viven, si no han creído en Cristo como su Salvador personal, estarán muertos en vida; vivos físicamente pero muertos espiritualmente. Ellos, sin embargo, tienen aún la oportunidad de encontrarse con Jesús. De manera que si llegan a ser salvos mediante su arrepentimiento y fe en Cristo, entonces habrán pasado de muerte a vida, de condenación a salvación. Ya no estarán muertos espiritualmente.

La tercera muerte será para aquellos que mueren sin haber sido salvos por Jesucristo. Ellos sufrirán la muerte eterna. En ese estado de muerte no tendrán ninguna esperanza de salvación.

Agustín de Hipona expresó el siguiente pensamiento que comunica una gran verdad: "El que nace sólo una vez, muere dos veces; pero el que nace dos veces, muere sólo una vez."

La respuesta de Dios al fenómeno de la muerte

1. Jesucristo venció la muerte

Por su resurrección corporal de entre los muertos, Jesucristo venció en forma definitiva a la muerte. La resurrección de nuestro Señor Jesucristo es una innegable realidad, es un hecho histórico contundente, y es una verdad teológica fundamental. Porque Jesús resucitó, el evangelio se autentica como la verdad de Dios, el cristianismo se establece como la revelación de Dios y la única esperanza de salvación, y la humanidad y la divinidad de Jesucristo quedan fehacientemente validadas. Cristo se deja voluntariamente crucificar en el Calvario para la redención del hombre; y Dios, al tercer día lo levanta gloriosa y poderosamente del sepulcro para garantizar la eficacia de la muerte expiatoria de Cristo.

2. Nosotros podemos vencer a la muerte

Dios vencerá a la muerte en nosotros cuando, por su poder, también resucitemos. En relación con la futura resurrección de todos los creyentes en Cristo, el apóstol Pablo hace dos declaraciones de suma importancia. Dice: "El último enemigo que será destruido es la muerte" (1 Cor. 15:26); y "Pero ahora, Cristo sí ha resucitado de entre los muertos, como primicias de los que durmieron" (1 Cor. 15:20). Es decir, la resurrección de Jesucristo es la base, la garantía y la promesa de nuestra propia y futura resurrección como creyentes salvos, como verdaderos hijos de Dios. Esta hermosísima esperanza la confirma el propio Espíritu Santo:

> Y Dios enjugará toda lágrima de los ojos de ellos. No habrá más muerte, ni habrá más llanto, ni clamor, ni dolor; porque las primeras cosas ya pasaron (Apoc. 21:4).

Conclusión

Realmente no nos preparamos para morir. Los seres humanos hacemos todo cuanto podemos para evitar la muerte. Sin embargo, lo cierto es que todos moriremos. Pero lo sensato es que nos preparemos para vivir después de morir. Este es el asunto de mayor importancia para el hombre: que esté debidamente preparado para el primer momento después de morir, para su encuentro inevitable con Dios. Jesucristo nos hace una oportuna advertencia cuando dice:

Pues, ¿de qué le sirve al hombre si gana el mundo entero y pierde su alma? (Mat. 16:26).

Conversaba el pastor de una iglesia con una señorita, la cual era ambiciosa y no sentía ninguna inquietud espiritual. El pastor le preguntó:

—Señorita, ¿qué piensa hacer de su vida en estos próximos años?

Ella le dijo:

—Seguiré estudiando hasta lograr graduarme de la carrera profesional que he escogido.

—¿Y después? —le preguntó de nuevo el pastor.

—¡Ah, pues descansaré un poco y buscaré un empleo!

—¿Y después?

—Ganaré y ahorraré dinero para tener un buen vivir.

—¿Y después?

—Querré casarme, tener hijos y cuidar de mi hogar.

—¿Y después?

—Voy a divertirme todo lo que pueda y sacarle provecho a la vida.

—¿Y después?

—Pues, quizá me enferme; envejeceré y me moriré.

Entonces hubo una pausa de silencio inquietante, y el pastor le preguntó por última vez:

—Señorita, y después que muera, ¿qué será de usted? ¿Adónde irá?

A esta última pregunta, ella no tenía respuesta clara.

—Realmente no sé; nunca había pensado en ello.

El pastor, con sabiduría y amor, le hizo ver a la señorita la conveniencia de estar adecuadamente preparados para cuando llegue el momento de morir. Y le habló de Jesucristo, quien había muerto en la cruz y resucitado de la tumba para perdonarla a ella de sus pecados y darle vida eterna. La señorita, entonces, conmovida y teniendo fe y confianza en su corazón hacia Jesucristo, con lágrimas le dijo al pastor: "Cuando me llegue el momento de morir, quiero estar segura de mi salvación. Acepto a Jesucristo como mi Salvador."

CAPITULO 3

El estado intermedio

Lucas 16:19-31

Hace ya muchos años que mi madre murió y su espíritu fue llevado a la grata presencia de nuestro Señor. Recuerdo que fue un día martes, cuando el sol aún no salía, que mi hermana y yo llevamos a nuestra madre al pabellón de emergencia del Hospital Bautista de la ciudad de Managua, Nicaragua. Ella había pasado toda aquella noche quejándose de un fuerte dolor abdominal, que más tarde supimos que fue una peritonitis. La dejamos allí, bajo la atención de los médicos, y mi hermana y yo regresamos a casa. Al volver yo al hospital a la mañana siguiente, el doctor, un misionero bautista, se acercó a mí, puso sus brazos sobre mis hombros y me dijo: "Hermano Adolfo, su mamá hace unos momentos que falleció." Me dirigí solo al cuarto, y allí, tendido sobre una cama, yacía el cuerpo ahora inerte de mi querida madre. Besé su rostro y lágrimas de hijo cayeron sobre su pecho. Sí, allí estaba ella, pero sin hacer movimiento alguno. En sus ojos no había el brillo de la vida, y su cara, sin una sonrisa que la adornara, parecía cubierta de un tenue velo pálido. Yo estaba de pie frente al cuadro de la muerte.

Cada uno, sin duda que en más de una ocasión, ha sido testigo del fenómeno de la muerte, ya sea de un familiar, de un amigo o simplemente de algún conocido.

¿Qué pasa con el individuo que muere? ¿Adónde va? ¿En qué estado o condición se encuentra? Estas son algunas de las preguntas que los seres humanos nos hacemos. Son preguntas legítimas para las que nuestra naturaleza racional busca las respuestas. ¿Dónde y cómo podríamos hallar las respuestas adecuadas y exactas a estos interrogantes? Hay dos posturas filosóficas y otra teológico-religiosa, y son estas:

1. El agnosticismo

El agnóstico ni afirma ni niega. Simplemente adopta una posición pesimista y dice que no es posible hallar una respuesta a las incógnitas de la muerte. Desde luego, esta postura filosófica nos deja en el vacío y desanima aun la indagación más elemental. Nuestra racionalidad se queda insatisfecha.

2. La especulación

La especulación es suponerse uno cualquier respuesta, sin contar con guías claras y confiables. Es lo que se le venga en gana a la mente. Para esta posición, cualquier respuesta, por fantástica que sea, es buena.

3. La revelación

En este contexto, la revelación es un término de connotación religiosa, bíblica y teológica. Consiste en que Dios, quien es el originador y el conocedor de todas las cosas, quiso descorrer el velo de lo oculto e ignorado y darnos a conocer algunas realidades del más allá de la muerte. La Biblia, libro maravilloso por mil razones, es la revelación escrita de Dios al hombre, principalmente para su pueblo creyente y para la iglesia de Jesucristo en particular. Es lo que nos da a entender el apóstol Pablo en su carta a los Efesios:

> Pido que el Dios de nuestro Señor Jesucristo, el Padre de gloria, os dé espíritu de sabiduría y de revelación en el pleno conocimiento de él; habiendo sido iluminados los ojos de vuestro entendimiento... todas las cosas las sometió Dios bajo sus pies y le puso a él por cabeza sobre todas

las cosas para la iglesia, la cual es su cuerpo, la plenitud de aquel que todo lo llena en todo (Ef. 1:17, 18a, 22b, 23).

La Biblia, por consiguiente, como la Palabra de Dios constituye la única fuente auténtica y confiable, la cual tiene la respuesta a estos interrogantes. Recurramos, entonces, a ella para determinar qué es "el estado intermedio".

Puntos preliminares

1. Definición

En la escatología, el estado intermedio consiste en ese período de tiempo que hay entre el momento de morir y el evento de la resurrección del cuerpo. También consiste en el estado o condición en que se encuentra el individuo que ya murió.

La frase "estado intermedio" no es bíblica, pero sí es una expresión adecuada para llamarnos la atención a estas cosas. Es "intermedio" porque es una duración limitada de tiempo que comienza en un momento y termina en otro momento; esta proyección de tiempo transcurre entre la muerte y la resurrección. ¿Cuál es su extensión? No lo sabemos, ni es tampoco indispensable que lo sepamos; eso está en las manos de Dios. Y es también "estado", porque la condición o el estado de los que mueren ni es completo ni es final. De aquí, pues, la frase "estado intermedio".

2. En la actualidad, tal como conocemos al hombre y como sabemos y nos sentimos que somos, el hombre es una entidad constituida, básicamente, de materia y alma, o cuerpo y espíritu

La muerte física es la separación del espíritu del cuerpo. En el tiempo presente la vida física es el espíritu y el cuerpo unidos e identificados entre sí. La muerte física ocurre en el momento cuando el espíritu sale o se va del cuerpo. Alguien dijo: "Más que el cuerpo conteniendo al espíritu, es el espíritu habitando en un cuerpo", que es el cuerpo, la parte física, animal, lo que muere al salírsele el espíritu, y no el espíritu al quedarse sin el cuerpo. Por eso, la Biblia nos habla del "cuerpo mortal", y nunca dice "el espíritu muerto".

Aclaremos un poco más este punto. En Hebreos 12:9, a Dios se le llama el "Padre de los espíritus". También, en varios pasajes de la Biblia a Dios se le llama el "Dios de Abraham, Dios de Isaac y Dios de Jacob", pero lo interesante es que esos patriarcas de la fe hacía mucho que habían muerto, y Cristo, en este pasaje de Lucas 20:36-38, agrega: "Pues Dios no es Dios de muertos, sino de vivos; porque para él todos viven" (v. 38). ¿Cómo se entiende, entonces, que esos patriarcas de la antigüedad estando muertos, para Dios estaban "vivos"? La explicación es que el cuerpo de ellos había muerto, pero sus espíritus respectivos vivían. De modo que cuando la Biblia nos habla de resurrección se está refiriendo al cuerpo, y cuando nos habla de inmortalidad se refiere al espíritu que hay en el hombre. La resurrección del cuerpo, como evento, es algo que todavía está en lo futuro. Pero la inmortalidad es cualidad intrínseca del espíritu. A este respecto, es iluminador lo que nos dice el Espíritu Santo en Eclesiastés 3:11:

> Todo lo hizo hermoso en su tiempo; también ha puesto eternidad en el corazón de ellos, de modo que el hombre no alcanza a comprender la obra que Dios ha hecho desde el principio hasta el fin.

En el momento cuando ocurre el fenómeno de la muerte física, entonces, ¿adónde va cada una de las dos partes esenciales y constituyentes del hombre: el cuerpo y el espíritu? Eclesiastés 12:7 nos contesta diciendo: "Es que el polvo vuelve a la tierra, como era; y el espíritu vuelve a Dios, quien lo dio."

3. El apóstol Pablo nos da una descripción tripartita del hombre

En 1 Tesalonicenses 5:23, él dice:

> Y el mismo Dios de paz os santifique por completo; que todo vuestro ser —tanto espíritu, como alma y cuerpo— sea guardado sin mancha en la venida de nuestro Señor Jesucristo.

Se puede decir que Pablo no era un erudito en asuntos de fisiología, anatomía y antropología. Pero escribió por inspiración del Espíritu Santo, el autor divino de la Biblia. Ahora bien, si antes hemos dicho que las dos partes esenciales y constituyentes del hombre son el cuerpo y el espíritu, ¿qué viene a ser el "alma" en esta descripción "tripartita" de Pablo?

La palabra "alma" es la traducción de *anima*, en latín, y significa soplo, vida. En esta cita de 1 Tesalonicenses, "alma" es la parte animada e instintiva del hombre; se refiere a la vida física con todas sus manifestaciones, tal como la conocemos en la tierra. En los muchos pasajes bíblicos en que aparece esta palabra, se la usa principalmente en dos sentidos: en ciertos pasajes, "alma" es el cuerpo humano, y tiene movimiento propio y se expresa a través de sus cinco sentidos. Tal es el uso evidente de este término en Génesis 2:7: "Entonces Jehovah Dios formó al hombre del polvo de la tierra. Sopló en su nariz aliento de vida, y el hombre llegó a ser un ser viviente", o "un alma viviente". En este caso alma y hombre, o alma y cuerpo con vida, son una y la misma cosa. Esta es la interpretación natural que se puede aplicar a pasajes bíblicos como estos:

> En sus manos está la vida de todo viviente... que mientras haya aliento en mí (Job 12:10; 27:3).
>
> He aquí que todas las almas son mías (Eze. 18:4).
>
> Pues, ¿de qué le sirve al hombre si gana el mundo entero y pierde su alma? ¿O qué dará el hombre en rescate por su alma? (Mat. 16:26).

En cambio, hay otros pasajes en los que aparece la palabra "alma" y se la usa como sinónimo de "espíritu"; es decir, la parte superior de la racionalidad, la parte espiritual del hombre donde yace, verdaderamente, "la imagen de Dios". Cuando en estos pasajes alma es sinónimo de espíritu, se dice que no muere. Veamos los siguientes versículos:

> No temáis a los que matan el cuerpo pero no pueden matar al alma. Más bien, temed a aquel que puede destruir tanto el alma como el cuerpo en el infierno (Mat. 10:28).

Esto nos señala que hay "algo" en uno que otro puede matar, y hay "algo" en uno que nadie puede matar. Lo que se puede matar es mortal; lo que no se puede matar es inmortal. Razón tiene el escritor sagrado, Santiago, cuando dice:

> Porque tal como el cuerpo sin el espíritu está muerto..." (Stg. 2:26a).

En Hechos 2:27, el apóstol Pedro en su sermón de Pentecostés nos dice, refiriéndose a la muerte de Jesús en la cruz:

> Porque no dejarás mi alma en el Hades, ni permitirás que tu Santo vea corrupción.

En este versículo, la primera parte se refiere al espíritu de Jesucristo, y la segunda parte se refiere a su cuerpo, el cual murió y fue sepultado, a desemejanza de los cuerpos humanos. Sin embargo, el cuerpo de nuestro Señor no se descompuso y no se vio expuesto a la desintegración orgánica natural. Tampoco su espíritu fue al Hades, que era la región de los muertos según las creencias de los griegos, ni al Seol de los hebreos. En Lucas 23:46 leemos:

> Entonces Jesús, gritando a gran voz dijo: Padre, ¡en tus manos encomiendo mi espíritu! Y habiendo dicho esto, expiró.

En la parábola del rico y Lázaro:

> Aconteció que murió el pobre y fue llevado por los ángeles al seno de Abraham. Murió también el rico, y fue sepultado (Luc. 16:22).

¿Qué fue llevado por los ángeles al seno de Abraham? Desde luego que no fue el cuerpo muerto de Lázaro, sino su espíritu. Acerca de la muerte de Esteban, el protomártir del cristianismo, dice en Hechos 7:59, 60:

> Y apedreaban a Esteban, mientras él invocaba diciendo: "¡Señor Jesús, recibe mi espíritu!" Y puesto de rodillas cla-

mó a gran voz: "¡Señor, no les tomes en cuenta este pecado!" Y habiendo dicho esto, durmió.

Y en Hebreos 4:12 leemos:

> Porque la Palabra de Dios es viva y eficaz, y más penetrante que toda espada de dos filos. Penetra hasta partir el alma y el espíritu, las coyunturas y los tuétanos, y discierne los pensamientos y las intenciones del corazón.

La conclusión de estos últimos versículos es que al hombre, como una unidad viviente, se le puede describir como "cuerpo, alma y espíritu"; que al alma, cuando se la identifica con el cuerpo, muere, y cuando se la usa como sinónimo de espíritu, es porque se refiere a lo que en uno es inmortal y donde está "la imagen y la semejanza" de Dios el Creador.

4. Pasajes bíblicos que algunas sectas religiosas interpretan mal

Son versículos como estos:

> No alaban a Jehovah los muertos, ni cuantos descienden al silencio (Sal. 115:17).

> No confiéis en príncipes ni en hijo de hombre, porque no hay en él liberación. Su espíritu ha de salir, y él volverá al polvo. En aquel día perecerán sus pensamientos (Sal. 146:3, 4).

> Todo lo que te venga a la mano para hacer, hazlo con empeño. Porque en el Seol, a donde vas, no hay obras, ni cuentas, ni conocimiento, ni sabiduría (Ecl. 9:10).

La verdad subyacente en estos versículos es que cuando ocurre la muerte cesan las pensamientos y toda actividad en el individuo que murió. Es decir, la vida instintiva, la que está íntimamente ligada al cuerpo termina con la muerte. En este aspecto, los hombres tanto como los animales son iguales.

Pero cuando hablamos del estado intermedio, nos estamos

refiriendo principalmente al espíritu. Este continúa existiendo, si bien en otra dimensión, después de que el cuerpo muere.

La secta de los llamados Testigos de Jehová toma estos versículos y saca de ellos la doctrina falsa de que con la muerte el ser humano termina completa y definitivamente; que es imposible que haya vida más allá de la muerte, y que del hombre no queda ni sigue nada al morir. Esta clase de interpretación barre con todas las demás doctrinas que el Nuevo Testamento contiene para nuestro conocimiento: seguridad y consuelo respecto a las realidades que le esperan principalmente a todos los creyentes que "duermen en el Señor".

Y el quinto punto preliminar, para entender esto del estado intermedio, es este:

5. *Del nacimiento hasta la muerte, todos los hombres somos iguales*

Es decir, somos iguales en los aspectos básicos de nuestra vida. El nacimiento y la muerte, que son los dos extremos de nuestra existencia humana, le ocurren por igual a todos. No traemos nada cuando nacemos, y no nos llevamos nada cuando morimos. También tenemos las mismas necesidades esenciales de la vida terrestre: la respiración, la salud, el trabajo, el ejercicio, la alimentación, el descanso y el sueño. Necesitamos protegernos de los rigores del clima extremo, de los múltiples peligros naturales que nos acechan y, en mayor o menor medida, buscamos la prosperidad, la realización en el amor y la felicidad. Muchas de las llamadas desigualdades de la vida son producidas por los hombres mismos, cuando se mueven por los resortes de la ignorancia, del egoísmo, de la codicia, de la injusticia y de los prejuicios de unos contra otros. Son barreras que el hombre levanta sobre situaciones ficticias y con argumentos de engaño y parcialidad.

Pero esto es también cierto: del momento de la muerte en adelante todos los hombres, delante de Dios, somos dos grupos diferentes, con destinos diferentes, en condiciones diferentes. Somos los salvos y los no salvos; los redimidos y los condenados. Los que mueren en Cristo y los que mueren sin Cristo. Y esto sí que es una abismal diferencia. Somos iguales en la tierra y en el tiempo, pero pertenecemos a dos grupos diametralmente distintos en la eternidad.

Creencias erróneas respecto al estado intermedio

1. El aniquilamiento o la extinción total y absoluta

Esta teoría, sustentada por los materialistas, nos dice que la muerte significa el término completo y permanente de todo. Cubren todo con la túnica de un refrán popular que dice: "Muerto el perro, se acabó la rabia." Nuestra profunda naturaleza espiritual y nuestra racionalidad rechazan esta tesis negativa e irreal. No satisface a nuestro clamor por vida. No responde ni siquiera con lógica natural a los grandes interrogantes que surgen del ser interior. Si la vida tan solo se quedara tronchada por la muerte, esto sería una frustración absurda y viviríamos en una atmósfera de gran incertidumbre.

Además, los físicos nos dicen que la aniquilación absoluta es imposible, porque las cosas pueden cambiar de formas, pero la sustancia, los elementos componentes de la materia, no desaparecen. Los átomos son permanentes, a pesar de que las combinaciones moleculares de las cosas y los objetos de hecho varían y cambian de simetría.

2. Lo que algunos llaman "el sueño del alma", o sea, un estado de inconsciencia total

El grupo religioso denominado Adventistas del Séptimo Día cree y enseña esta interpretación. Para sustentarla bíblicamente ellos esgrimen pasajes como los que citamos antes, y en los que se sienta la tesis de que los muertos no ejercen ningún tipo de actividad. Presentan también algunas expresiones neotestamentarias en las que los escritores bíblicos, y Jesucristo mismo, aluden a la muerte física como el fenómeno de "dormir". Sin embargo, en la interpretación doctrinal, la analogía de que cuando los creyentes mueren "duermen en el Señor", es más bien para refutar la noción de que la muerte física significa la terminación absoluta y permanente del ser humano, matando así toda esperanza de la continuación del estado consciente de los que somos discípulos de Jesús. Además, toda declaración que aluda a la muerte física es con referencia al cuerpo, porque es el cuerpo lo que muere y al ser sepultado éste es como si estuviera durmiendo, nada más que en un sueño más prolongado, pues el creyente, al morir su cuerpo, es un "dormir" aquí ahora para ser un "despertar" mañana en el milagro portentoso de la resurrección. Se puede, por consiguiente, hablar de que el cuerpo al morir "duerme", pero el espíritu no entra en ninguna clase de sueño, sino que es llevado por los ángeles a la presencia del Señor, hasta el día en que en la resurrección, el espíritu vuelva a tomar su cuerpo, cuerpo de resurrección transformado por el poder de Dios. A este respecto, el apóstol Pablo nos dice:

> Tampoco queremos, hermanos, que ignoréis acerca de los que duermen, para que no os entristezcáis como los demás que no tienen esperanza. Porque si creemos que Jesús murió y resucitó, de la misma manera Dios traerá por medio de Jesús, y con él, a los que han dormido (1 Tes. 4:13, 14).

3. *El espiritismo*

Los espiritistas creen que el espíritu de los que mueren anda rondando por ahí, y que es posible entablar una comunicación a través de un médium con los muertos. Ellos relatan casos que parecieran ser auténticos. La Biblia, sin embargo, nos dice que en la muerte el espíritu vuelve a Dios que lo dio. Y sabemos también que el diablo se transfigura en ángel de luz y que es el autor de milagros mentirosos. El espiritismo es un sistema filosófico contrario a la realidad y que las Sagradas Escrituras condenan. Sobre esto, la Biblia dice:

> No recurráis a los que evocan a los muertos ni busquéis a los adivinos para contaminaros con ellos. Yo, Jehovah, vuestro Dios (Lev. 19:31).

Y también:

> Y cuando os dicen: "Consultad a los que evocan a los muer-

> tos y a los adivinos que susurran y murmuran al hablar", responded: "¿Acaso no consultará un pueblo a su Dios? ¿Consultará a los muertos a favor de los vivos? ¡A la ley y al testimonio!" Si ellos no hablan de acuerdo con esta palabra, es que no les ha amanecido (Isa. 8:19, 20).

El espiritismo es una farsa, un ardid de Satanás para embaucar a los incautos.

4. La metempsícosis o reencarnación

Quienes sustentan esta escuela de pensamiento filosófico nos dicen que en el momento de morir el espíritu del difunto entra o se reencarna en otro ser vivo. El número de las encarnaciones es determinado por un principio fijo e inexorable que llaman *karma*. Esta idea es tan solo producto de la especulación de la mente del hombre. Es un supuesto proceso que nadie puede probar ni demostrar. Este proceso no existe ni tampoco lo que otros llaman la transmigración de las almas.

5. El purgatorio

Según la teología de la Iglesia Católica Romana, el purgatorio es el estado intermedio. El purgatorio es un lugar adonde van a purgar sus pecados todos los que mueren en pecado venial; es decir, quienes en vida no lograron pagar o sufrir todo lo que se merecían por sus pecados. Ellos necesitan ser purificados antes de poder entrar en el cielo. A las almas benditas del purgatorio, como también se las llama, las pueden ayudar para que salgan antes de ese lugar de tormento, mandando decir misas en sufragio de ellas.

El purgatorio, como dogma de la fe católica, es falso desde todo punto de vista. La Biblia ni siquiera menciona la palabra purgatorio. Esta creencia es de origen pagano y de simple especulación filosófica. Está en abierta contradicción con la enseñanza del evangelio y aun con otras doctrinas del dogma católico. No es cierto, pues, que haya un purgatorio, y todas las otras enseñanzas y prácticas que se desprenden de esta doctrina son bíblicamente falsas. El imaginario fuego del purgatorio no quema ningún pecado. La Biblia es clarísima en este respecto:

> ... y la sangre de su Hijo Jesús nos limpia de todo pecado... Si confesamos nuestros pecados, él es fiel y justo para perdonar nuestros pecados y limpiarnos de toda maldad (1 Jn. 1:7b, 9).

El razonamiento de los teólogos católicos en cuanto a la doctrina del purgatorio es el siguiente: Ninguno, al morir, ni fue tan bueno como para merecer ir al cielo, ni fue tan malo como para que se vaya al infierno. Esta afirmación, aunque razonable para algunos, no es bíblica ni lógica. La verdad es que no nos salvamos por ser buenos ni nos condenamos por ser malos. La salvación es mediante el arrepentimiento y la fe en Jesucristo. Si el hombre pecador ha llenado estas condiciones, al morir va a la presencia del Señor y está salvo. Y si muere sin arrepentirse y sin creer, entonces se condena para siempre, porque "la paga del pecado es muerte".

La doctrina del purgatorio no da el consuelo que produce el evangelio. Concluimos diciendo que durante el llamado estado intermedio no hay nadie en el purgatorio, ya que éste no existe. A las almas no hay que asustarlas con la falsedad, sino que hay que alimentarlas con la verdad. Si se quiere insistir en la idea de purgatorio, lo que la Biblia dice es que Cristo "cuando había hecho la purificación de nuestros pecados, se sentó a la diestra de la Majestad en las alturas" (Heb. 1:3).

Qué nos dice el Nuevo Testamento

1. Las Escrituras afirman la existencia consciente tanto de los justos como de los injustos, después de la muerte y antes de la resurrección

En el estado intermedio, el espíritu está sin el cuerpo; sin embargo, el estado para los justos es de gozo consciente, y para los injustos es un estado de sufrimiento consciente.

Dos ilustraciones de la vida común pueden arrojar luz a este asunto. Veámoslas:

a. Supongamos que somos invitados a un banquete de gala. Participar en él nos alegra. El ambiente de fiesta, los alimentos y la conversación amistosa de unos y otros nos llena de complacencia y hasta nos hace olvidar, por unas horas al menos, los problemas que nos aquejan y de aflicciones que nos preocupan. Es posible, entonces, aun en medio de algunas dificultades, experimentar un paréntesis de regocijo. En el pasaje de Lucas 16, donde se nos relata la parábola del rico y Lázaro, dice: "Aconteció que murió el pobre y fue llevado por los ángeles al seno de Abraham..." (v. 22). Aquí se nos dice que hay algo que "fue llevado por los ángeles", es decir, el espíritu de Lázaro, lo que sobrevive a la muerte del cuerpo. Y que "fue llevado por los ángeles al seno de Abraham", esto es, a un estado consciente de regocijo y satisfacción.

b. En cambio, del hombre rico, Jesús nos dice lo siguiente: "Murió también el rico, y fue sepultado." Su cuerpo, desde luego. Pero acerca de su espíritu, nuestro Señor agrega: "Y en el Hades, estando en tormentos, alzó sus ojos y vio de lejos a Abraham, y a Lázaro en su seno" (vv. 22, 23). Es decir, el rico, al morir, se encontró en tormentos. El estuvo consciente de que estaba sufriendo. Además, el versículo 25 dice así:

> Y Abraham dijo: "Hijo, acuérdate que durante tu vida recibiste tus bienes; y de igual manera Lázaro, males. Pero ahora él es consolado aquí, y tú eres atormentado."

Esto es como cuando alguien comete un delito, es arrestado por la autoridad y puesto en prisión. En una fecha acordada se le juzga, se le condena y se le sentencia a una pena o castigo. Ese individuo aun antes de ser juzgado ya está sufriendo, pues se le ha privado de su libertad y se le ha sometido a las demás incomodidades que se sufren en una cárcel. La Biblia, pues, nos revela esta condición consciente de sufrimiento y tristeza en que se encuentra el hombre sin Cristo en el momento mismo de su muerte. Una alusión más la encontramos en las palabras del apóstol Pedro quien nos dice: "el Señor sabe rescatar de la prueba a los piadosos y guardar a los injustos para ser castigados en el día del juicio" (2 Ped. 2:9).

La otra revelación hermosa del Nuevo Testamento acerca del estado de los salvos en el momento de su muerte es esta:

2. *El espíritu del creyente, al separarse del cuerpo, entra en la presencia del Señor. Son muchos los pasajes bíblicos de los que sacamos esta preciosa y consoladora verdad. Veamos, por lo menos, algunos:*

> Al ladrón arrepentido en la cruz, Jesús le dijo:
>
> De cierto te digo que hoy estarás conmigo en el paraíso (Luc. 23:43).
>
> Y si voy y os preparo lugar, vendré otra vez y os tomaré conmigo; para que donde yo esté, vosotros también estéis (Juan 14:3).

El Señor, pues, ha ido a preparar lugar para los que creemos en él y somos discípulos suyos:

> Por lo cual estoy convencido de que ni la muerte, ni la vida... nos podrá separar del amor de Dios, que es en Cristo Jesús, Señor nuestro (Rom. 8:38).
>
> Porque para mí el vivir es Cristo, y el morir es ganancia (Fil. 1:21).

Esteban, el protomártir de la fe cristiana, al ser apedreado por sus fanáticos perseguidores, oró diciendo: "¡Señor Jesús, recibe mi espíritu!" (Hech. 7:59).

Quizá el pasaje bíblico que aborda más directa y claramente la realidad de que el creyente, al morir, va a la presencia de su Señor, es el siguiente:

> Por tanto, no desmayamos; más bien, aunque se va desgastando nuestro hombre exterior, el interior, sin embargo, se va renovando de día en día. Porque nuestra momentánea y leve tribulación produce para nosotros un eterno peso de gloria más que incomparable; no fijando nosotros la vista en las cosas que se ven, sino en las que no se ven; porque las que se ven son temporales, mientras que las

> que no se ven son eternas. Porque sabemos que si nuestra casa terrenal, esta tienda temporal, se deshace, tenemos un edificio de parte de Dios, una casa no hecha de manos, eterna en los cielos. Pues en esta tienda gemimos deseando ser sobrevestidos de nuestra habitación celestial; y aunque habremos de ser desvestidos, no seremos hallados desnudos. Porque los que estamos en esta tienda gemimos agobiados, porque no quisiéramos ser desvestidos, sino sobrevestidos, para que lo mortal sea absorbido por la vida. Pues el que nos hizo para esto mismo es Dios, quien nos ha dado la garantía del Espíritu. Así vivimos, confiando siempre y comprendiendo que durante nuestra estancia en el cuerpo peregrinamos ausentes del Señor. Porque andamos por fe, no por vista. Pues confiamos y consideramos mejor estar ausentes del cuerpo, y estar presentes delante del Señor (2 Cor. 4:16-18; 5:1-7).

Queda demostrado, en forma fehaciente, y a la luz de las citas bíblicas dadas, que para los que somos creyentes en Jesucristo siempre el mañana será mejor. Y después del evento de la resurrección, todas las cosas serán aun mejores, porque "como está escrito: Cosas que ojo no vio ni oído oyó, que ni han surgido en el corazón del hombre, son las que Dios ha preparado para los que le aman" (1 Cor. 2:9). Pero para los condenados, después del juicio final, todas las cosas serán peores.

Conclusión

Por consiguiente, hay dos destinos finales, y todos los seres humanos, queramos o no, vamos en dirección de uno de esos dos destinos. Permítame concluir con esta interesante y patética anécdota.

Dos jóvenes estadounidenses cursaban estudios universitarios en una conocida universidad en la ciudad de Londres, Inglaterra. Por proceder del mismo país, al conocerse se hicieron buenos amigos. Se les veía casi siempre juntos. Después de haber completado los años de estudio requeridos en sus respectivas profesiones, se graduaron con honores y en un barco transatlántico emprendieron el viaje de regreso a su país de origen. El barco se dirigía hacia el puerto de Nueva York.

Durante la travesía de varias semanas, estos dos jóvenes se ganaron la simpatía y la admiración de la tripulación y del pasaje del barco. Los días y las noches fueron placenteros. No se notaba diferencia alguna en los nuevos profesionales. Por fin, el barco ancló junto al muelle. Allí, en el puerto, había mucha gente, los familiares y amigos de los viajeros que esperaban emocionados el arribo de la nave.

Poco a poco los pasajeros fueron saliendo del barco y fueron recibidos por sus familiares entre abrazos, lágrimas y alegría. Pasó el primero de los dos jóvenes y fue agasajado con una bienvenida calurosa. En cambio al otro joven, al bajar del barco y ante el asombro de la gente y la vergüenza y el desencanto de sus familiares, vieron que unos policías lo arrestaban y lo conducían a la cárcel. Así, al volver ambos jóvenes a su país, cada uno tuvo un destino diferente.

¿Y por qué fue eso así? Pues sencillamente porque el joven que fue aprehendido, poco antes de salir de Londres, había cometido un fuerte desfalco en un banco, porque quería regresar con mucho dinero, y pensó que no descubrirían que él había cometido tan cuantioso robo. Las autoridades londinenses, sin embargo, enteradas del delito, avisaron a las de Nueva York, y éstas se dispusieron a detener al delincuente tan pronto como pusiera pie en suelo estadounidense.

Todos los seres humanos están viviendo la vida como mejor les parece. E irremisiblemente, todos vamos viajando hacia la recta final. Y cuando llegue ese momento, allí se establecerá la diferencia, porque unos irán a la presencia del Señor, mientras que otros irán, como el rico de la parábola, al lugar de tormento.

Apreciado lector, no importa que no entendamos todos los pormenores del llamado "estado intermedio"; pero sí es de suma importancia que cada uno de ustedes se asegure de cuál será su destino final: con Cristo en el cielo o con Satanás en el infierno. La decisión está en sus manos.

CAPITULO 4

La segunda venida de Jesucristo

2 Tesalonicenses 1:3-10

Si el padre de la fe, Abraham, y el descubridor de América, Cristóbal Colón, resucitaran de sus tumbas y volvieran a la presente vida humana, sin duda que se asombrarían al ver tantos cambios y tan maravillosos inventos y adelantos. Cambios que para nosotros, la humanidad de ahora, son cosas tan cotidianas, que tal parece como que ya ni nos llaman la atención. Desde las épocas respectivas de estos hombres hasta los tiempos actuales, no sólo han transcurrido muchísimos años, sino que los medios de transporte de un sitio a otro ahora son múltiples y rapidísimos, los sistemas de comunicación son fantásticos, y la vida, en todos sus órdenes, ha experimentado progresos admirables de tecnología, producción y comodidad.

Pero si ellos se detuvieran a observar más de cerca la vida del hombre moderno, se darían cuenta de que las realidades que constituyen la vida de la gente continúan siendo las mismas. Es decir, sobre el escenario del drama humano, todavía se ciernen las sombras del pecado, vicios, codicia, rencillas, crímenes, guerra; todavía hay trabajo duro, afanes, ansiedades, frustraciones; aún se cometen abusos sexuales, adicción a drogas, maltrato a los niños; y sigue habiendo enfermedades, hambre, pobreza, descalabros políticos, trastornos económicos, ensayos y fracaso de distintos sistemas de gobierno; y no desaparecen de sobre la faz de la tierra el sufrimiento, el dolor y la muerte. Estas cosas no han cambiado. Por el contrario, la triste y espantosa realidad es que los hombres van de mal en peor. La tendencia no es a que las cosas mejoren en el orden moral, sino a que empeoren. Por épocas, pareciera como que las cosas mejoraran, pero esto es solo en apariencia.

Nos conviene, entonces, que a la luz del cuadro sombrío que hemos descrito, nos hagamos la siguiente pregunta: ¿Seguirán las cosas iguales por tiempo sin fin? La respuesta es NO. El orden —desorden actual de cosas— tendrá su final definitivo, y todas las cosas serán hechas nuevas. Y lo que determinará este maravilloso, rotundo y espectacular cambio, es el evento glorioso de "la segunda venida de Jesucristo". Esperanza ahora, bienaventurada realidad mañana.

Introducción

El próximo gran acontecimiento en la historia del hombre, en el universo y en los planes revelados de Dios, *es el retorno de Cristo a la tierra*. El apóstol Pablo, en Tito 2:13, se refiere a este futuro y maravilloso evento, y dice:

> Aguardando la esperanza bienaventurada, la manifestación de la gloria del gran Dios y Salvador nuestro Jesucristo.

Entonces el mensaje actual de la iglesia de Jesucristo es doble:

1. Al mundo inconverso: Jesucristo vino para ser el Salvador de los hombres.

2. A los creyentes: Jesucristo vendrá otra vez.

En un mundo en desesperanza nosotros los cristianos somos el pueblo con una esperanza. La humanidad perdida gime en su noche larga y obscura de inseguridad, pero nosotros los discípulos de Jesús somos "la sal de la tierra y la luz del mundo".

El tema de la segunda venida de Cristo es abundante, amplio e importante. En estas páginas no es posible abarcarlo todo ni explicar sus múltiples aspectos. Pero haremos el intento por asomarnos a este precioso tema, por medio de una serie de rápidas afirmaciones neotestamentarias contundentes.

El personaje central de la Biblia: Jesucristo

Toda la proclamación de los libros del Antiguo Testamento pudiéramos resumirla en esta afirmación: "El Mesías viene."

Los cuatro Evangelios de Mateo, Marcos, Lucas y Juan, semblanzas de la biografía de Cristo, se basan en un hecho fehaciente: el Salvador ya vino.

Y los Hechos de los Apóstoles, las epístolas del Nuevo Testamento y el Apocalipsis están de acuerdo en abundar en el mismo anuncio: El Señor vendrá otra vez.

Así el mensaje esencial de las Escrituras de Dios, consiste en presentarnos a Jesucristo, como el Mesías del pueblo judío, el Salvador de los hombres y el Señor de la historia y de la eternidad. Y de este Jesucristo, quien también es el Hijo y el Revelador de Dios el Padre, la Biblia nos viene a decir en esencia: El que había de venir, vino; y el que vino, se fue; y el que se fue, volverá (véase entre otros, Heb. 10:37).

Es una verdad y un hecho que Cristo volverá

1. *Es Jesucristo mismo quien hizo el anuncio y dio a sus discípulos la promesa de que él volvería:*

   Y si voy y os preparo lugar, vendré otra vez (Juan 14:3).

2. *En ocasión de la ascensión de Jesús al cielo, los ángeles les anunciaron a los apóstoles que Jesús volvería. Así leemos en Hechos 1:9-11:*

   Después de decir esto, y mientras ellos le veían, él fue elevado; y una nube le recibió ocultándole de sus ojos. Y como ellos estaban fijando la vista en el cielo mientras él se iba, he aquí dos varones vestidos de blanco se presentaron junto a ellos, y les dijeron: Hombres galileos, ¿por qué os quedáis de pie mirando al cielo? Este Jesús, quien fue tomado de vosotros arriba al cielo, vendrá de la misma manera como le habéis visto ir al cielo.

3. *El Espíritu Santo, en Hebreos 9:28 nos dice:*

Así también Cristo fue ofrecido una sola vez para quitar los pecados de muchos. La segunda vez, ya sin relación con el pecado, aparecerá para salvación de los que le esperan.

4. *El apóstol Juan nos dice en 1 Juan 3:2, 3:*

Amados, ahora somos hijos de Dios, y aún no se ha manifestado lo que seremos. Pero sabemos que cuando él sea manifestado, seremos semejantes a él, porque le veremos tal como él es. Y todo aquel que tiene esta esperanza en él, se purifica a sí mismo, como él también es puro.

5. *Y en el último libro de la Biblia, en Apocalipsis 1:7, 8 leemos:*

He aquí que viene con las nubes, y todo ojo le verá: aun los que le traspasaron. Todas las tribus de la tierra harán lamentación por él. ¡Sí, amén! "Yo soy el Alfa y la Omega", dice el Señor Dios, "el que es, y que era y que ha de venir, el Todopoderoso."

Eventos que ocurrirán simultáneamente con la segunda venida de Cristo

Cuando Cristo descienda del cielo a la tierra en su segunda venida, tres eventos de suma importancia tendrán lugar simultáneamente. Son: la resurrección corporal de todos los creyentes muertos; la transformación instantánea de los cuerpos resucitados, de cuerpos mortales a cuerpos de resurrección; y el arrebatamiento de todos los salvos para su encuentro glorioso con el Señor en algún lugar de la creación en el espacio.

En relación con esto, es bueno recordar que conocemos estas verdades, y en nuestro corazones de creyentes se anida esta bendita esperanza, porque tales cosas nos han sido reveladas por el Espíritu Santo en las Sagradas Escrituras. De nosotros mismos jamás podríamos ni siquiera imaginarnos estos hechos futuros. Y también, estas cosas extraordinarias sucederán sólo por el poder de Dios, a quien nada le es imposible.

1. La resurrección de los muertos y la transformación del cuerpo

> De cierto, de cierto os digo que el que oye mi palabra y cree al que me envió tiene vida eterna. El tal no viene a condenación, sino que ha pasado de muerte a vida. De cierto, de cierto os digo que viene la hora y ahora es, cuando los muertos oirán la voz del Hijo de Dios, y los que oyen vivirán. Porque así como el Padre tiene vida en sí mismo, así también dio al Hijo el tener vida en sí mismo. Y también le dio autoridad para hacer juicio, porque él es el Hijo del Hombre. No os asombréis de esto, porque vendrá la hora cuando todos los que estén en los sepulcros oirán su voz y saldrán, los que hicieron el bien para la resurrección de vida, pero los que practicaron el mal para la resurrección de condenación (Juan 5:24-29).

2. La transformación de los cuerpos resucitados

> Porque si los muertos no resucitan, tampoco Cristo ha resucitado; y si Cristo no ha resucitado, vuestra fe es inútil; todavía estáis en vuestros pecados. En tal caso, también los que han dormido en Cristo han perecido. ¡Si sólo en esta vida hemos tenido esperanza en Cristo, somos los más miserables de todos los hombres! Pero ahora, Cristo sí ha resucitado de entre los muertos, como primicias de los que durmieron (1 Cor. 15:16-20).

> Pero dirá alguno: ¿Cómo resucitan los muertos? ¿Con qué clase de cuerpo vienen? Necio, lo que tú siembras no llega

a tener vida a menos que muera. Y lo que siembras, no es el cuerpo que ha de salir, sino el mero grano, ya sea de trigo o de otra cosa. Pero Dios le da un cuerpo como quiere, a cada semilla su propio cuerpo (1 Cor. 15:35-38).

Así también es la resurrección de los muertos. Se siembra en corrupción; se resucita en incorrupción. Se siembra en deshonra; se resucita con gloria. Se siembra en debilidad; se resucita con poder. Se siembra cuerpo natural; se resucita cuerpo espiritual. Hay cuerpo natural; también hay cuerpo espiritual (1 Cor. 15:42-44).

Y esto digo, hermanos, que la carne y la sangre no pueden heredar el reino de Dios, ni la corrupción heredar la incorrupción. He aquí, os digo un misterio: No todos dormiremos, pero todos seremos transformados en un instante, en un abrir y cerrar de ojos, a la trompeta final. Porque sonará la trompeta, y los muertos serán resucitados sin corrupción; y nosotros seremos transformados. Porque es necesario que esto corruptible sea vestido de incorrupción, y que esto mortal sea vestido de inmortalidad. Y cuando esto corruptible se vista de incorrupción y esto mortal se vista de inmortalidad, entonces se cumplirá la palabra que está escrita: ¡Sorbida es la muerte en victoria! ¿Dónde está, oh muerte, tu victoria? ¿Dónde está, oh muerte, tu aguijón? (1 Cor. 15: 50-55).

Porque nuestra ciudadanía está en los cielos, de donde también esperamos ardientemente al Salvador, el Señor Jesucristo. El transformará nuestro cuerpo de humillación para que tenga la misma forma de su cuerpo de gloria, según la operación de su poder, para sujetar también a sí mismo todas las cosas (Fil. 3:20, 21).

3. El arrebatamiento de todos los creyentes salvos

Tampoco queremos, hermanos, que ignoréis acerca de los que duermen, para que no os entristezcáis como los demás que no tienen esperanza. Porque si creemos que Jesús murió y resucitó, de la misma manera Dios traerá por medio de Jesús, y con él, a los que han dormido. Pues os decimos esto por palabra del Señor: Nosotros que vivimos, que habremos quedado hasta la venida del Señor, de ninguna manera precederemos a los que ya durmieron. Porque el Señor mismo descenderá del cielo con aclamación, con voz de arcángel y con trompeta de Dios; y los muertos en Cristo resucitarán primero. Luego nosotros, los que vivimos y habremos quedado, seremos arrebatados juntamente con ellos en las nubes, para el encuentro con el Señor en el aire; y así estaremos siempre con el Señor. Por tanto, alentaos los unos a los otros con estas palabras (1 Tes. 4:13-18).

Las cuatro características principales de la segunda venida de Jesucristo

1. Real y literal, no una venida espiritual

Notemos que en Juan 14:3, el Señor Jesús dice:

Vendré (es decir, él, y no otro) otra vez.

Y en Hechos 1:11 se afirma:

Este Jesús, quien fue tomado de vosotros arriba al cielo, vendrá de la misma manera como le habéis visto ir al cielo.

2. Repentina, sin aviso

Porque así como el relámpago sale del oriente y se muestra hasta el occidente, así será la venida del Hijo del Hombre. Pero acerca de aquel día y hora, nadie sabe; ni siquiera los ángeles de los cielos, ni aun el Hijo, sino sólo el Padre (Mat. 24:27, 36).

Velad, pues, porque no sabéis ni el día ni la hora (Mat. 25:13).

3. Visible

Entonces se manifestará la señal del Hijo del Hombre en

> el cielo, y en ese tiempo harán duelo todas las tribus de la tierra, y verán al Hijo del Hombre viniendo sobre las nubes del cielo con poder y gran gloria (Mat. 24:30).

> Cuando el Hijo del Hombre venga en su gloria y todos los ángeles con él, entonces se sentará sobre el trono de su gloria; y todas las naciones serán reunidas delante de él. El separará los unos de los otros, como cuando el pastor separa las ovejas de los cabritos; y pondrá las ovejas a su derecha, y los cabritos a su izquierda (Mat. 25:31, 32).

4. Gloriosa

> Y retribuir con descanso, junto con nosotros, a vosotros que sois afligidos. Esto sucederá cuando el Señor Jesús con sus poderosos ángeles se manifieste desde el cielo en llama de fuego, para dar retribución a los que no han conocido a Dios y a los que no obedecen el evangelio del nuestro Señor Jesús. Ellos serán castigados con eterna perdición, excluidos de la presencia del Señor y de la gloria de su poder, cuando él venga en aquel día para ser glorificado en sus santos y ser admirado por todos los que creyeron; porque nuestro testimonio ha sido creído entre vosotros (2 Tes. 1:7-10).

> He aquí que viene con las nubes, y todo ojo le verá; aun los que le traspasaron. Todas las tribus de la tierra harán lamentación por él. ¡Sí, amén! Yo Soy el Alfa y la Omega, dice el Señor Dios, el que es, y que era y que ha de venir, el Todopoderoso (Apoc. 1:7, 8).

Estos pasajes nos dan a entender que la segunda venida de Cristo se verá revestida de estas cuatro específicas y claras características. Cuando esto ocurra será imposible dudar del cumplimiento de esta consoladora promesa. Sí, la segunda venida de Cristo será un acontecimiento cumbre de la historia; ningún otro acontecimiento podrá compararse con este. El cerrará el último capítulo de la historia del hombre y del tiempo presente, e inaugurará el reino de los cielos en la tierra y el dominio de Jesucristo sobre todas las cosas. Una acuciosa observación del mundo, sobre el tablero internacional de las naciones, nos hará cerciorarnos de que todas las cosas están apuntando hacia ese próximo evento tremendo y espectacular: el retorno de Cristo a la tierra.

La aplicación práctica de la doctrina, el anuncio y la promesa de la segunda venida de Jesucristo

En vista de que es cierto que nuestro Señor Jesucristo vendrá otra vez; en vista de que todos los grandes acontecimientos en el panorama internacional apuntan hacia un fin catastrófico y apocalíptico del mundo; en vista de los inquietantes cambios en la naturaleza; en vista de los grandes adelantos y descubrimientos científicos; y en vista de que la segunda venida de Cristo está cada vez más cerca, el cristiano tiene tres deberes impostergables que cumplir, y son estos:

1. Vigilancia

Es Jesucristo mismo quien nos exhorta a que permanezcamos en una actitud de vigilancia; a que estemos atentos a los sucesos proféticos que están teniendo lugar sobre la plataforma de la historia. Contamos con la antorcha de la profecía, la cual arroja su luz sobre los grandes eventos del tiempo y del mundo. Y debemos estar vigilantes porque los cristianos estamos rodeados de múltiples peligros, y de asechanzas y de tentaciones. Nuestra fe no debe apagarse ni nuestra esperanza disminuirse:

> Velad, pues, porque no sabéis en qué día viene vuestro Señor. Pero sabe esto: Si el dueño de casa hubiera sabido a qué hora habría de venir el ladrón, habría velado y no habría permitido que forzaran la entrada a su casa. Por tanto, estad preparados también vosotros, porque a la hora que no pensáis, vendrá el Hijo del Hombre (Mat. 24: 42-44) Velad, pues, porque no sabéis ni el día ni la hora (Mat. 25:13).

2. Ocupado en las cosas del Señor

El otro deber que debemos cumplir es mantenernos ocupados en las cosas del Señor. Para el cristiano la negligencia es pecado. Nuestra ocupación principal es hacer que la obra de Dios siga adelante y se extienda a todos los pueblos. No debemos cruzarnos de brazos. El apóstol Pablo nos hace las siguientes exhortaciones:

> Así que, hermanos míos amados, estad firmes y constantes, abundando siempre en la obra del Señor, sabiendo que vuestro arduo trabajo en el Señor no es en vano (1 Cor. 15:58).

> Porque Dios es el que produce en vosotros tanto el querer como el hacer, para cumplir su buena voluntad. Hacedlo todo sin murmuraciones y contiendas (Fil. 2:13, 14).

3. En proceso de santificación

Nuestro tercer deber es que día tras día debemos santificarnos. Es decir, debemos andar conforme a la dignidad del evangelio, haciendo la voluntad de Dios y agradándole en todo. Desde el momento de nuestra conversión a Cristo, el Espíritu Santo está llevando a cabo en nosotros un ministerio de santificación. Lo hace mediante la aplicación de la Santa Palabra de Dios, y tratando de ir formando en cada uno de nosotros la imagen de Jesucristo, quien es nuestro modelo por excelencia. Y la esperanza de la segunda venida de Cristo es un poderoso aliciente y un desafío a la vida de santidad y consagración. A este efecto, el apóstol Juan nos comparte esta alentadora verdad

> Amados, ahora somos hijos de Dios, y aún no se ha manifestado lo que seremos. Pero sabemos que cuando él sea manifestado, seremos semejantes a él, porque le veremos tal como él es. Y todo aquel que tiene esta esperanza en él, se purifica a sí mismo, como él también es puro (1 Jn. 3:2, 3).

Conclusión

Los hombres y las mujeres que somos salvos por la fe en Jesucristo esperamos el retorno glorioso de nuestro amado Salvador y Maestro. La segunda venida de Cristo significará para todos nosotros la consumación y el perfeccionamiento de nuestra salvación. Nosotros le estamos esperando. Su venida, realmente, no nos tomará de sorpresa, porque ya tenemos erguida nuestra cabeza y estamos mirando hacia arriba. Porque en uno de estos días aparecerá en el cielo "la señal del Hijo del Hombre". Y nosotros haremos nuestra la última petición en las Sagradas Escrituras, y junto con el apóstol Juan diremos: "¡Amén! ¡Ven, Señor Jesús!" ¿Está usted listo para hacer suya esa oración?

Pero los no salvos no le esperan para nada. ¡Cuán triste es la situación de las personas inconversas! Dios no entra en su mundo para nada. Ellas ni siquiera saben que Cristo Jesús volverá. Por lo tanto, no están en espera de él. Son gente sin esperanza. A una situación así alude nuestro Señor en las siguientes palabras:

> Porque como en los días de Noé, así será la venida del Hijo del Hombre. Pues como en aquellos días antes del diluvio estaban comiendo y bebiendo, casándose y dándose en casamiento hasta el día en que Noé entró en el arca, y no se dieron cuenta hasta que vino el diluvio y se los llevó a todos, así será también la venida del Hijo del Hombre (Mat. 24:37-39).

Amado hermano:

¿Está usted en la actitud de expectativa del retorno de Cristo? La lámpara de su fe, ¿está ardiendo con el aceite de la vigilancia?

Apreciado lector:

¿Está usted preparado y listo para el encuentro inevitable con Jesucristo en su segunda venida? Si usted no quiere condenarse en la perdición eterna, le exhorto a que ahora mismo abra su corazón por la fe, se arrepienta de sus pecados, y acepte voluntaria, decidida y gozamente a Jesucristo, como su único, suficiente y personal Salvador. La Biblia nos dice claramente:

> Cree en el Señor Jesús y serás salvo, tú y tu casa (Hech. 16:31).

CAPITULO 5

El milenio

Apocalipsis 20:1-10

En ningún otro libro, de los muchísimos que han escrito los hombres, podremos encontrar la comunicación fidedigna de las realidades que existen y que habrá después de la muerte. Es más, en el caso de que hubiese libros que traten de estas cosas, y que no son la Biblia, lo que se hubiese escrito sería una repetición o una especulación imaginativa respecto de tales asuntos. Y no podríamos tener la confianza de que tales cuestiones son fidedignas y, por tanto, dignas de ser creídas.

En cuanto a la escatología, la Biblia nos presenta y nos enseña los hechos básicos y nos enuncia la sustancia de las verdades. Esto no quiere decir que la Biblia nos da todos los detalles que nuestra curiosidad quisiera saber, ni trata de contestar todas las preguntas que se nos ocurre hacer. Y es porque la Biblia no es un libro de entretenimiento sino de estudio y meditación. Ella es la base de nuestra fe y la guía de nuestra conducta. Entonces, no debemos decir más de lo que ella dice, ni tampoco enseñar más de lo que enseña. Debemos creer las verdades que entendemos de ella y no especular sobre lo que no entendemos. En Deuteronomio 29: 29 nos dice:

> Las cosas secretas pertenecen a Jehovah nuestro Dios, pero las reveladas son para nosotros y para nuestros hijos,

para siempre, a fin de que cumplamos todas las palabras de esta ley.

En vista de que estas cosas son así, no podemos ni debemos ser dogmáticos. Una actitud de flexibilidad intelectual y no de dogmatismo arrogante es la más apropiada con respecto a los puntos y los detalles que no están expuestos con claridad.

Una tercera consideración que es necesario exponer y explicar es que la hermenéutica, la ciencia de las reglas o los principios de la interpretación, debe normar cualquier trabajo de investigación. Veamos un ejemplo.

Un pasaje cualquiera de la Biblia primero debe interpretarse literalmente; si fácilmente se ve que la interpretación literal no cabe ni tiene sentido natural al texto ni al contexto, entonces hay que buscarle su significado espiritual y su interpretación doctrinal.

Veamos Mateo 3:13: "Entonces Jesús vino de Galilea al Jordán, a Juan, para ser bautizado por él." Es evidente que en este versículo cabe muy bien la interpretación literal. Es decir, que Jesús ciertamente viajó de un sitio a otro, con un propósito definido: que Juan el Bautista lo bautizara, lo sumergiera en agua, como un rito religioso y de obediencia a la voluntad de Dios, en las aguas del río Jordán. Aquí la interpretación literal encaja adecuadamente y a todas luces se ve que una interpretación espiritual no sería la mejor. En cambio, hay muchísimos otros pasajes en la Biblia para los cuales la interpretación espiritual es la que sí se les debe aplicar, sin violentar el significado del contenido ni las intenciones del escritor. En esta categoría caen principalmente los pasajes bíblicos que atañen a la doctrina y que también son de índole de exhortación espiritual para la conducta y el vivir recto en conformidad con las normas y los principios del evangelio y del temor a Dios.

El milenio

1. Definición

El término milenio significa, literalmente, un período de

mil años. En la Biblia, milenio tiene un significado doctrinal-escatológico y se le puede definir de la siguiente manera: "El milenio es el período del reino de Dios sobre la tierra, que sigue a la segunda venida de Cristo y precede al estado final, en el cual el Señor establecerá un reino de justicia y paz." (Definición tomada del *Diccionario Ilustrado de la Biblia.*)

2. El texto principal acerca de la doctrina del milenio lo encontramos en el libro del Apocalipsis 20:1-7, el cual dice:

> Vi a un ángel que descendía del cielo y que tenía en su mano la llave del abismo y una gran cadena. El prendió al dragón, aquella serpiente antigua quien es el diablo y Satanás, y le ató por mil años. Lo arrojó al abismo y lo cerró, y lo selló sobre él para que no engañase más a las naciones, hasta que se cumpliesen los mil años. Después de esto, es necesario que sea desatado por un poco de tiempo.
>
> Y vi tronos; y se sentaron sobre ellos, y se les concedió hacer juicio. Y vi las almas de los degollados por causa del testimonio de Jesús y por la palabra de Dios. Ellos no habían adorado a la bestia ni a su imagen, ni tampoco recibieron su marca en sus frentes ni en sus manos. Ellos volvieron a vivir y reinaron con Cristo por mil años. Pero los demás muertos no volvieron a vivir, sino hasta que se cumplieron los mil años. Esta es la primera resurrección. Bienaventurado y santo el que tiene parte en la primera resurrección. Sobre éstos la segunda muerte no tiene ningún poder; sino que serán sacerdotes de Dios y de Cristo, y reinarán con él por los mil años. Cuando se cumplan los mil años, Satanás será soltado de su prisión...

3. Hay tres aspectos esenciales con respecto al milenio, y son estos:

a. Satanás será atado por mil años

Debe ser reconfortante para nuestros corazones saber que nuestro común y peor enemigo, Satanás, va a ser atado por mil años. Se puede fácilmente deducir que si el diablo, mientras anda suelto en el mundo y entre los hombres, es el causante de cuanto mal acontece, cuando él esté atado, quienes vivan sobre la tierra durante ese período disfrutarán de un tiempo de verdadera tranquilidad. No se verán acosados por las artimañas peligrosas de este malévolo ser espiritual. Esto, a su vez, pondrá en evidencia que si bien es cierto que Satanás es el Príncipe de las tinieblas y del mundo en este tiempo, es Dios quien tiene todas las cosas bajo su control y no hay nada ni nadie que pueda oponerse a su dominio.

b. Jesucristo establecerá su reino de paz, justicia y prosperidad

Este es realmente el ideal de Cristo, el propósito último de su obra redentora y la esperanza bendita de la humanidad redimida. Cuando se cierre el último capítulo de la historia se introducirá el primer capítulo del reino de los cielos. Y el reino de Cristo será infinitamente superior a los reinos de este mundo. Lo que los hombres nunca lograron ni lograrán alcanzar, a pesar de sus deseos, de sus planes y de sus conquistas, Cristo lo establecerá en forma plena y gloriosa cuando él reine sobre esta tierra.

c. Los santos mártires de la fe en Cristo reinarán con él sobre la tierra mil años

Satanás y sus secuaces intentarán destruir y erradicar a los fieles seguidores de Jesús, y de cierto que matarán a muchos de ellos. Pero el Señor, según la enseñanza de Apocalipsis 20, los hará emerger triunfantes y les otorgará participación sobresaliente en el reino.

Trasfondo bíblico e histórico del milenio

1. El anhelo profundo del hombre ha sido la paz

Varios han intentado traer la paz a este mundo. Entre estos podemos mencionar a Alejandro Magno, famoso conquistador militar, del que la historia nos dice que nunca perdió una batalla en el campo de combate. Pero estuvo muy lejos de establecer la paz en su propio corazón, pues perdió la más importante de las batallas: la de su propia vida. Cuando era aún muy joven, a la edad de treinta y tres años murió en la ciudad de Babilonia, a consecuencia de una tremenda orgía.

Existió también el famoso Imperio Romano, con Roma como su capital, y la Paz Romana, como su proclama. Paz que mantuvieron gracias a la fuerza de sus ejércitos casi siempre invencibles, y que después se desmoronó ante el poderío aplastante de otros imperios.

Y más cerca de nuestro tiempo muchos recordamos la época de Adolfo Hitler, el fundador del nazismo y quien desató la Segunda Guerra Mundial en la que murieron millones de seres humanos en Europa. Hitler proclamaba una paz de mil años a nivel mundial, pero su sueño y promesa también fueron tela que el huracán de la guerra destrozó.

Woodrow Wilson, uno de los ex presidentes de los Estados Unidos, para justificar la participación de este país en la Primera Guerra Mundial, lanzó la proclama de que aquella sería "la última guerra para acabar para siempre con la guerra". Y muchos pensaron que así sería. Sin embargo, la historia nos dice que no fue así. Otras guerras ha habido, y quizá aun más terribles y crueles. Y es que esta paz que los hombres anhelan no es ni será posible mientras Satanás siga siendo el Príncipe de este mundo.

2. *El concepto de un reino de Dios establecido en la tierra viene del Antiguo Testamento, especialmente de la enseñanza profética*

a. El profeta Daniel, con visión clarividente de Dios, profetizó acerca de este reino. En su libro él dice lo siguiente:

> Y en los días de esos reyes, el Dios de los cielos levantará un reino que jamás será destruido, ni será dejado a otro pueblo. Este desmenuzará y acabará con todos estos reinos, pero él permanecerá para siempre. De la manera que viste que de la montaña se desprendió una piedra sin intervención de manos, la cual desmenuzó el hierro, el bronce, el barro cocido, la plata y el oro, el gran Dios ha hecho

saber al rey lo que ha de acontecer en el porvenir. El sueño es verdadero, y su interpretación es fiel (Dan. 2:44, 45).

b. En el Nuevo Testamento el libro del Apocalipsis es el libro profético, el cual corrobora las profecías del libro de Daniel:

El séptimo ángel tocó la trompeta. Y en el cielo se oyeron grandes voces que decían: "El reino del mundo ha venido a ser de nuestro Señor y de su Cristo. El reinará por los siglos de los siglos" (Apoc. 11:15).

Vemos, pues, que el poderoso foco de la luz de la profecía, perforando la oscuridad de los siglos, alumbra el futuro con el anuncio de que al concluirse el capítulo final de la historia del hombre, Dios establecerá su reino en la tierra nueva y en los cielos nuevos.

3. El reino de Dios fue el sueño, el ideal y la esperanza del pueblo de Israel

Como una hebra áurea entretejida en la trama de la historia del pueblo de Israel, y como una luminosa esperanza anidada en los corazones de los judíos patriotas y piadosos, está la doctrina y la promesa del establecimiento del reino de Dios en el mundo a través de su pueblo escogido, el cual llegará a ser cabeza del mundo. Esta expectación constituía un fuerte ingrediente aglutinante en la historia y en la vida religiosa del pueblo de Israel a lo largo de los siglos. Y esta expectación también se destacaba en el trasfondo bíblico e histórico del milenio.

Jesucristo y el reino de Dios

1. Su mensaje central: el reino de Dios

Cuando estudiamos detenidamente el ministerio público de nuestro Señor, fácilmente nos damos cuenta de que en toda su predicación, y aun en la realización de sus milagros, hubo una enseñanza con un mensaje prominente: el reino de Dios.

Por ejemplo, en el Evangelio de Marcos 1:14, 15:

> Después que Juan fue encarcelado, Jesús vino a Galilea predicando el evangelio de Dios, y diciendo: "El tiempo se ha cumplido, y el reino de Dios se ha acercado. ¡Arrepentíos y creed en el evangelio!"

Este mensaje de que el reino de Dios se había acercado fue natural que produjera un eco favorable y de gozo en multitud de personas. Y movidos por un entusiasmo inusitado, fueron miles de individuos los que siguieron a Jesús, especialmente de la provincia de Galilea.

En la oración modelo que Jesús enseñó a sus discípulos, "El Padre Nuestro", la petición central es: "Venga tu reino." Cristo quiso que todos cuantos creemos en él y le seguimos, anheláramos como el ideal supremo la venida de su reino. Fue esta, igualmente, la nota sonora en su precioso Sermón del monte: "Más buscad primeramente el reino de Dios y su justicia."

2. Satanás le ofreció los reinos del mundo

Aun el diablo, en su frustrado empeño por anular a Jesús, fue consciente de que el reino de los cielos era la meta que Jesús se proponía alcanzar. A este efecto, el diablo, en su tercer y blasfemo asalto contra el Señor, le tendió una trampa del dominio universal. La Escritura nos lo relata así:

> Otra vez el diablo le llevó a un monte muy alto, y le mostró todos los reinos del mundo y su gloria. Y le dijo: "Todo esto te daré, si postrado me adoras" (Mat. 4:8, 9).

3. El reino que Jesús predicó, era primeramente espiritual, y después el reino milenario, terrenal, político

A este respecto, nuestro Señor hizo un importante anuncio:

> Y este evangelio del reino será predicado en todo el mundo, para testimonio a todas las razas; y luego vendrá el fin (Mat. 24:14).

Es interesante que el fin del mundo está asociado con la perseverancia en la predicación del evangelio. Incidentalmente, vemos que la tarea suprema de la iglesia y la responsabilidad constante de los discípulos del Señor es anunciar el evangelio por todos los medios posibles. El plan de Dios de salvar a los hombres es, realmente, la meta de la historia.

Hay otra declaración de Jesús que tiene la importancia de definir el carácter del reino de los cielos. Estas palabras las dijo en respuesta a una de las preguntas que le hiciera Poncio Pilato, el gobernador romano quien le preguntó:

> "—¿Eres tú el rey de los judíos?"
> A lo que contestó Jesús:
> "—Mi reino no es de este mundo. Si mi reino fuera de este mundo, mis servidores pelearían para que yo no fuera entregado a los judíos. Ahora, pues, mi reino no es de aquí" (Juan 18:36).

Cristo Jesús explicó de esta manera que su reino era más bien espiritual y no material; era el reino de la verdad y no de la política. Jesús desea ser el dueño y el Señor de las conciencias, y de esa forma dirigir la vida de quienes creen en él y le siguen mediante la práctica de sus enseñanzas y el cumplimiento de su voluntad.

4. El reino milenario será un reino de paz y de alegría, aun en el mundo de los animales

La naturaleza espiritual del reino de Dios, sin embargo, también se materializará en la forma de un reino literal y político. El reino milenario de que nos habla la profecía y que será una preciosa realidad en una tierra transformada y libre de pecado; un lugar santificado por la presencia de Jesucristo el Rey y un pueblo redimido y santo. Los anhelos de justicia y paz, de progreso y concordia, se verán cumplidos durante ese reino de mil años. Cristo, como el rey de su reino milenario, no tendrá competidor. Satanás, el instigador de todos los males, estará en prisión por ese tiempo.

El profeta Isaías, escribiendo acerca del reinado justo del Mesías durante la época del milenio, nos da una descripción rápida, vívida y hermosa de la soñada era de paz. En Isaías 11:4-9 leemos:

> Sino que juzgará con justicia a los pobres, y con equidad arbitrará a favor de los afligidos de la tierra. Golpeará la tierra con la vara de su boca, y con el aliento de sus labios dará muerte al impío. La justicia será el cinturón de sus lomos, y la fidelidad lo será de su cintura.
>
> Entonces el lobo habitará con el cordero, y el leopardo se recostará con el cabrito. El ternero y el cachorro del león crecerán juntos, y un niño pequeño los conducirá. La vaca y la osa pacerán, y sus crías se recostarán juntas. El león comerá paja como el buey. Un niño de pecho jugará sobre el agujero de la cobra, y el recién destetado extenderá su mano sobre el escondrijo de la víbora. No harán daño ni destruirán en todo mi santo monte, porque la tierra estará llena del conocimiento de Jehovah, como las aguas cubren el mar.

Y también en Isaías 2:4 hay un cuadro maravilloso de cómo será la vida en el reino milenario.

> El juzgará entre las naciones y arbitrará entre muchos pueblos. Y convertirán sus espadas en rejas de arado, y sus lanzas en podaderas. No alzará espada nación contra nación, ni se adiestrarán más para la guerra.

Conclusión

El final de todas las cosas está en las manos de Dios. Saber que esto es así nos trae tranquilidad al corazón y es también una garantía firme y una base segura para que vivamos en esperanza; y para que confiemos en que el que dirige la historia no es el diablo ni son los hombres, sino Dios. El, quien tiene todas las cosas bajo su control, hará que sus propósitos se cumplan. Dios está sentado sobre su trono y no hay ningún poder en todo el universo capaz de anular los planes del Creador.

Una segunda consideración es que todas las cosas cambiarán, porque la causa del evangelio, de la justicia y de la verdad triunfará. El hombre cambia las cosas de mal a peor, pero Dios las cambia de lo peor a lo mejor. Es hermoso y vigorizante pensar que las cosas cambiarán. Que el cuadro de la historia y de la humanidad, el cual se nos presenta sombrío y desalentador, se cambiará en un panorama de realidades sublimes, de experiencias dulces y de momentos de indestructible felicidad. Lo que por siglos y siglos ha sido el sueño de las naciones, de vivir en paz y disfrutar del sinnúmero de cosas buenas que Dios nos ofrece, se cumplirá durante el milenio. La noche de guerras terribles, de crímenes horrorosos y de espantos aniquilantes habrá de disiparse. Los raudales de luz de una nueva época se derramarán sobre la tierra para hacer de esta un nuevo paraíso. El lugar ideal y bello para la morada del hombre. Sí, el milenio es una esperanza sonrosada, cuyos destellos ya podemos avizorar cuando los cielos se iluminen con la aparición gloriosa de nuestro gran Dios y Salvador: el Señor Jesucristo.

Los seres humanos tenemos la oportunidad de ser salvos y de pertenecer a ese reino milenario, si nos arrepentimos de nuestros pecados y creemos en Jesucristo como el Salvador del alma y el Señor de la vida. Para las riquísimas bendiciones que Dios en su gracia tiene almacenadas para los tiempos del fin, Dios no hace discriminación contra nadie. Por lo contrario, paciente y amorosamente nos invita a que vayamos en fe a su Hijo Jesucristo. Porque es arrepintiéndonos de nuestros pecados y aceptando a Jesucristo como el Salvador personal, que somos salvos y venimos a ser hechos hijos de Dios.

CAPITULO 6

El juicio final

Mateo 25:31-46; Apocalipsis 20:11-15

Después de la Segunda Guerra Mundial, en que las fuerzas aliadas derrotaron a la Alemania nazi de Adolfo Hitler, en la ciudad alemana de Nüremberg se estableció lo que se llamó El Tribunal Internacional. En él se llevó a cabo, entre los años 1945 y 1949, el proceso de juicio contra los personajes nazis acusados de genocidio y diversos crímenes de guerra. Todos ellos fueron declarados culpables en mayor o menor grado, y once de ellos fueron condenados a la horca.

Por otro lado, entendemos y aceptamos como algo que es justo, lógico, natural y necesario que en un país civilizado haya un gobierno establecido, leyes que rijan a los ciudadanos en su comportamiento público, y tribunales de justicia que le sigan un proceso judicial a quienes se les acusa de la comisión de delitos civiles o penales. Igualmente, que haya autoridades que apliquen el peso de la ley sobre quienes las infringen, y cárceles adonde sean recluidos los que son delincuentes y declarados judicialmente culpables.

Además, nadie se alarma porque haya gobiernos, autoridades, leyes, salas de audiencias, juicios, cárceles, castigos o condenas, y aun la sentencia de pena de muerte para quienes por sus grandes crímenes llegan a merecerla.

Pues bien, la Biblia nos enseña que hay en el universo, en el tiempo, en la vida, en la historia y en la humanidad toda, las leyes y el gobierno de Dios como un proceso continuo de su justicia; y nos enseña también, que en algún momento del futuro, Dios, en la persona de Jesucristo, cumplirá el anuncio bíblico y doctrinal del llamado "juicio final". En una palabra, habrá un día de llamar a cuentas, en el que todos los hombres y mujeres serán juzgados inescapablemente.

Consideremos, entonces, algunos puntos sobresalientes que tienen que ver con nuestro estudio.

El juicio final, una verdad bíblica

El juicio final es una realidad escatológica, una verdad bíblica, y para millones y millones de individuos será lo más terrible que les podrá ocurrir. Las siguientes citas bíblicas son algunas de las muchas que encontramos en la Biblia y que constituyen la base de esta doctrina de revelación divina conocida como "el juicio final":

> Entonces, tal como está establecido que los hombres mueran una sola vez, y después el juicio (Heb. 9:27).

> Por eso, aunque antes Dios pasó por alto los tiempos de la ignorancia, en este tiempo manda a todos los hombres, en todos los lugares, que se arrepientan; por cuanto ha establecido un día en el que ha de juzgar al mundo con justicia por medio del Hombre a quien ha designado, dando fe de ello a todos, al resucitarle de entre los muertos (Hech. 17:30, 31).

> ¿O menosprecias las riquezas de su bondad, paciencia y magnanimidad, ignorando que la bondad de Dios te guía al arrepentimiento? Pero por tu dureza y por tu corazón no arrepentido, acumulas sobre ti mismo ira para el día de la ira y de la revelación del justo juicio de Dios. El recompensará a cada uno conforme a sus obras...
>
> Así que todos los que pecaron sin la ley, sin la ley también perecerán; y todos los que pecaron teniendo la ley, por la ley serán juzgados (Rom. 2:4-6, 12).

> De manera que cada uno de nosotros rendirá cuenta a Dios de sí mismo (Rom. 14:12).
>
> Y también le dio autoridad para hacer juicio, porque él es el Hijo del Hombre. No os asombréis de esto, porque vendrá la hora cuando todos los que están en los sepulcros oirán su voz y saldrán, los que hicieron el bien para la resurrección de vida, pero los que practicaron el mal para la resurrección de condenación (Juan 5:27-29).
>
> Así que, no juzguéis nada antes de tiempo, hasta que venga el Señor, quien a la vez sacará a la luz las cosas ocultas de las tinieblas y hará evidentes las intenciones de los corazones. Entonces tendrá cada uno la alabanza de parte de Dios (1 Cor. 4:5).

En estos pasajes bíblicos hay una verdad que resalta y que tiene carácter de una seria advertencia: sin lugar a dudas que habrá un día de juicio final en el cual todos los hombres tendrán que comparecer delante de Dios.

Los hombres serán juzgados

Los hombres serán juzgados por toda obra mala, por toda intención mala, por todo pensamiento y sentimiento malos, y aun por toda palabra mala. Nada se le escapará a la "computadora" del cielo.

Veamos lo que dice la Palabra de Dios a este respecto:

> Porque Dios traerá a juicio toda acción junto con todo lo escondido, sea bueno o sea malo (Ecl. 12:14).
>
> Pero yo os digo que en el día del juicio los hombres darán cuenta de toda palabra ociosa que hablen. Porque por tus palabras serás justificado, y por tus palabras serás condenado (Mat. 12:36, 37).
>
> Porque no hay nada oculto que no haya de ser manifestado, ni nada escondido, sino para que salga en claro (Mar. 4:22).

> En el día en que, conforme a mi evangelio, Dios juzgue los secretos de los hombres por medio de Cristo Jesús (Rom. 2:16).
>
> Vi también a los muertos, grandes y pequeños, que estaban de pie delante del trono, y los libros fueron abiertos. Y otro libro fue abierto, que es el libro de la vida. Y los muertos fueron juzgados a base de las cosas escritas en los libros, de acuerdo a sus obras (Apoc. 20:12).

¡Qué interesante! Hay libros, indudablemente un sinnúmero de ellos, en los que se van escribiendo o registrando todas las obras de los hombres. Aquí en la tierra se cometen incontables crímenes y delitos de toda clase, los cuales nadie llega a saberlos; menos se los apunta en ningún libro o documento. Pero existen esos "libros" (término en plural), para nosotros misteriosos, en los cuales sí se lleva un registro exacto y minucioso de todas las obras de los seres humanos.

Resulta también interesante y sugestivo el detalle de que en ese versículo del Apocalipsis dice también: "Y otro libro fue abierto, que es el libro de la vida" (Apoc. 20:12). Aquí "libro" está en singular. Es un solo libro y es el "libro de la vida". ¿Por qué? Es aquel en el que están inscritos los redimidos por la sangre del Cordero. O sea, que la sangre ya borró nuestras manchas y para siempre. Y la justicia y la santidad de Cristo ya escribió nuestros nombres. ¡Esto sí que es maravilloso, que nuestros nombres, como los hijos de Dios por la fe en Cristo, están escritos, de forma indeleble, en el libro de la vida! Mi amado amigo, ¿está su nombre también escrito en el libro de la vida?

Hagámonos una pregunta, ¿es posible todo esto? Todo lo que está en las manos y en la voluntad de Dios sí es posible. Reflexionemos sobre cuatro ejemplos ilustrativos de esto:

1. *La facultad de la memoria*

La memoria es una facultad asombrosa en nuestro cerebro. Dios nos la dio, y es de una utilidad inmensísima. Todo lo que vemos y oímos, viene a ser nuestra experiencia, que queda y permanece grabada en la computadora cerebral de nuestra memoria. Y si esto es una realidad en nuestro conocimiento, no es lógico dudar de que Dios tiene un plan semejante pero infinitamente superior.

2. *El sonido que se emite corre en el espacio a través de las ondas hertzianas*

Este hecho hace posibles los inventos maravillosos de la radio y la televisión. Cualquier evento de importancia que ocurre en alguna parte del mundo, de inmediato puede ser conocido y visto por los demás habitantes del planeta. Y la grabación de voz, ruido y música que se hace en una cinta magnetofónica queda registrada allí por mucho tiempo, y se la puede oír en el momento en que uno lo desee.

3. *Tenemos también la prueba del Carbono 14, o radio carbono isótopo radioactivo, utilizado en biología, geología y arqueología, para determinar la antigüedad aproximada de restos animales, rocas, etcétera. El Carbono 14 posee un término de vida medio de 5.730 años*

4. *Y otro ejemplo ilustrativo de esto son los satélites espaciales lanzados por varios países, los cuales en cuestión de segundos pueden captar imágenes de lo que acontece en la tierra y enviarlas a estaciones receptoras aquí*

De todo lo que acabo de decir, les puedo expresar el siguiente pensamiento: la ciencia moderna corrobora las declaraciones proféticas y las verdades escatológicas de la Biblia.

Las razones del juicio final

De acuerdo con la enseñanza de la Biblia todo individuo, en el momento de morir, está salvo o está condenado.

> El que cree en él no es condenado; pero el que no cree ya ha sido condenado, porque no ha creído en el nombre del unigénito Hijo de Dios. Y ésta es la condenación: que la luz ha venido al mundo, y los hombres amaron más las tinieblas que la luz, porque sus obras eran malas (Juan 3:18, 19).

Ahora bien, si esto es así, ¿para qué el juicio final? Expliquemos esto considerando dos aspectos:

Primero: Entre los seres humanos el proceso judicial que se le sigue a un reo es, principalmente, para esclarecer la verdad; para determinar la inocencia o la culpabilidad del acusado.

Segundo: El juicio final, en el que Jesucristo es el Juez, no es para saber si el individuo es culpable o no, sino para demostrar que Dios es justo, que su ley es perfecta, y para aclarar que el individuo condenado lo es por haber rechazado libre y voluntariamente la verdad del evangelio y la salvación ofrecida en Jesucristo gratuitamente. Y esta exhibición de la justicia divina hará, como dice el apóstol Pablo, que

> en el nombre de Jesús se doble toda rodilla de los que están en los cielos, en la tierra y debajo de la tierra; y toda lengua confiese para gloria de Dios Padre que Jesucristo es Señor (Fil. 2:10, 11).

En la vida hay muchas personas que culpan a Dios y le tildan de injusto. El juicio final será una vindicación de él y de su justicia. Los condenados mismos no podrán menos que así reconocerlo, y le rendirán homenaje a Dios. Aunque esto no cambiará su condición de condenados. Ya será tarde, porque el tiempo, la hora de arrepentirse, creer en Cristo y ser salvo es hoy en este momento, mientras tiene la oportunidad.

Por esto también leemos en Apocalipsis 16:

> Oí al ángel de las aguas decir: "Justo eres tú que eres y que eras, el Santo, porque has juzgado estas cosas..." (5)
>
> Y oí al altar decir: "¡Ciertamente, oh Señor Dios Todopoderoso, tus juicios son verdaderos y justos!" (7)

Y en Apocalipsis 20:11 dice: "Vi un gran trono blanco y al que estaba sentado sobre él." ¿Por qué "trono blanco"? Porque es trono de justicia y de verdad. Los tronos de los jueces humanos, son tronos manchados, incompletos y tambaleantes. Los jueces mismos no son absolutamente justos. El escritor Santiago dice: "Porque la ira del hombre no lleva a cabo la justicia de Dios" (Stg. 1:20). Podemos desconfiar de la justicia de los hombres, pero podemos estar seguros y confiar plenamente en la justicia divina.

Los cristianos no seremos juzgados

Los cristianos, es decir, los salvos, no seremos juzgados en el día del juicio final. ¿Por qué? Porque ya fuimos juzgados en la muerte de Cristo en la cruz.

La doctrina del juicio final es terrible. Saber que habrá un día de juicio final y que nada escapará al escrutinio perfecto de Dios, debe ser un conocimiento que infunde terror en la persona que conscientemente es culpable. Quebrantar por la desobediencia la ley de Dios, infringir insensatamente sus mandamientos es un asunto serio. Pero la promesa del evangelio es maravillosa.

Los hijos de Dios no seremos juzgados o condenados en el día del juicio final. ¡Qué descanso y cuán dulce alivio trae este conocimiento y esta seguridad a nuestro espíritu! No porque seamos perfectos, sino porque "la sangre de Jesús su Hijo nos limpia de todo pecado" (1 Jn. 1:9), y "¡He aquí el Cordero de Dios que quita el pecado del mundo!" (Juan 1:29). Encontramos una afirmación muy importante en el pasaje de 1 Corintios 11:31, 32, y dice así: "Pero si nos examináramos bien a nosotros mismos, no se nos juzgaría. Pero siendo juzgados, somos disciplinados por el Señor" —y oigan bien— "para que no seamos condenados con el mundo."

La seguridad de la salvación del creyente en Jesucristo es una verdad preciosa. Esta seguridad, sin embargo, no es de uno sino del Señor; descansa en su autoridad y en su fidelidad. Hay algunas citas bíblicas, las cuales son pilares de sostén respecto de nuestra seguridad de la salvación en Cristo:

> Justificados, pues, por la fe, tenemos paz para con Dios por medio de nuestro Señor Jesucristo (Rom. 5:1).

> Ahora, pues, ninguna condenación hay para los que están en Cristo Jesús (Rom. 8:1).

La Biblia dice que "la paga [o salario] del pecado es muerte" (Rom. 6:23). Todo pecado, sin excepción, es condenado en la cruz del Calvario, o en el infierno. Ningún pecado queda sin castigo. La ley de Dios no puede ser burlada. Pero cada uno es quien debe decidir si su pecado es pagado por Cristo en la cruz y de esa manera ser salvo, o si quiere sufrir el castigo eterno de sus pecados en el infierno.

Conclusión

Todo hombre, sin excepción, o acepta a Jesucristo ahora por Salvador, o le tendrá como Juez en el día del juicio final. Como Salvador, él le ama, le busca, le llama y le quiere salvar. Pero como Juez, le juzga, le condena y le dirá en aquel terrible día:

> Entonces dirá también a los de su izquierda: Apartaos de mí, malditos, al fuego eterno preparado para el diablo y sus ángeles (Mat. 25:41).

Oiga la voz de invitación del Espíritu Santo a su propio espíritu. "¡He aquí ahora el tiempo más favorable! ¡He aquí ahora el día de salvación!" (2 Cor. 6:2). Venga en arrepentimiento a Cristo, abra su corazón por la fe y recíbale como su único, suficiente y personal Salvador.

CAPITULO 7

El infierno

Mateo 25:41-46; Apocalipsis 20:10-15

En *La divina comedia,* la genial obra literaria del escritor y poeta italiano Dante Alighieri, el autor nos dice que cuando él y Virgilio, quien le servía de guía y le iba explicando todo lo que veían, llegaron a las puertas del infierno, allí, a la entrada, leyeron un rótulo que decía: "Cuantos por estas puertas entréis a este lugar, perded toda esperanza."

Y es que todos los hombres, mientras viven, tienen esperanza de ser salvos. Aun un minuto antes de morir, si es que están en su sano juicio y si de corazón se arrepienten de sus pecados. La clave es poner su confianza en el Señor Jesucristo aceptándole como su Salvador personal. Pero cuando los que mueren, mueren condenados, a esos no les queda ni el más leve rayo de esperanza de salvación.

La Biblia nos enseña claramente que para todos los seres humanos, sin excepción, hay solo dos lugares y dos destinos finales: El cielo para los justos, los salvos, los creyentes; y el infierno para los impíos, los incrédulos, los condenados.

El infierno es un tema al cual a todos nos conviene prestarle la debida atención. Porque, queramos o no, nos demos cuenta de ello o no, a todos nos llegará el momento cuando inevitablemente tendremos que estar frente a frente de esta tremenda realidad.

Opciones y actitudes acerca del infierno

Hay muchos individuos que cuando se habla del infierno bromean acerca de esto. Otros emplean expresiones de burla y sarcasmo como esta, la cual es muy común en infinidad de labios humanos: "Vete al infierno", o "vete al diablo". También hay muchísimas personas que niegan por completo la realidad del infierno. Dicen que el infierno es una invención de los clérigos, para amedrentar a la gente.

En cambio, hay otros grupos de individuos, tales como los llamados Testigos de Jehová, que rechazan la idea del infierno, pero partiendo desde otro punto de vista. Ellos interpretan equivocadamente varios pasajes bíblicos, y arriban a la conclusión de que el sepulcro es el infierno.

Quienes llegan a esta interpretación niegan y rechazan por completo la doctrina bíblica del infierno como el lugar y el estado del castigo eterno de los impíos.

Pero, tal como lo hemos hecho en cada tema tratado, la pregunta fundamental es: "¿Qué dice la Biblia al respecto?" Porque solamente ella tiene la autoridad para darnos la respuesta correcta y la verdad exacta respecto de estas cosas.

Definición

"Infierno" es un término que nos viene del latín *infernus*, y que significa "la parte de abajo". No es realmente una palabra que aparezca en el vocabulario bíblico.

Entonces, ¿cómo es que esta palabra entró en el vocabulario de la Biblia? Hay dos palabras, *Seol* en el Antiguo Testamento y *Hades* en el Nuevo Testamento, que se corresponden entre sí. Ambas se refieren, en términos generales, a la morada de los muertos. Estas palabras, hebrea la una y griega la otra, no tienen términos correspondientes en los otros idiomas, y los traductores de la Biblia las han traducido de varias maneras diferentes.

En el siglo IV, Jerónimo, uno de los llamados Padres de la iglesia y prominente teólogo cristiano, se dedicó a la ardua y noble tarea de traducir toda la Biblia al latín. Traducción que después se popularizó a tal grado que se la llegó a conocer como la versión de la Vulgata Latina.

Cuando Jerónimo, en su labor de traducción, encontró los términos "Seol" y "Hades", no halló en su propia lengua las palabras que pudieran ser la traducción directa y exacta de dichos vocablos. En su mente, él asoció, al igual que muchos otros comentaristas, la idea de fuego con el lugar de castigo eterno de los impíos. Y como en esos tiempos también prevalecía la noción de que lo que había en el centro de la tierra era fuego, el traductor Jerónimo consideró adecuado traducir en muchos de los casos las palabras "Seol" y "Hades" por la palabra *infernus* o, infierno, en castellano. Esta es una rápida explicación histórica de la incorporación de la palabra infierno en el vocabulario de las traducciones que de la Biblia se han hecho a los otros idiomas. Entonces, aunque el término "infierno" no es originalmente bíblico, sí describe claramente la doctrina del castigo o del tormento eterno de los impíos inconversos.

El castigo o el tormento eterno

1. *Es Jesús mismo quien nos habla acerca de este lugar. Veamos algunos pasajes que lo muestran claramente:*

> Pero yo os digo que todo el que se enoja con su hermano, será culpable en el juicio. Cualquiera que le llama a su hermano "necio" será culpable ante el Sanedrín; y cualquiera que le llama "fatuo" será expuesto al infierno de fuego (Mat. 5:22).

> No temáis a los que matan el cuerpo pero no pueden matar al alma. Más bien, temed a aquel que puede destruir tanto el alma como el cuerpo en el infierno (Mat. 10:28).

> Y si tu ojo te hace tropezar, sácalo y échalo de ti. Mejor te

es entrar en la vida con un solo ojo, que teniendo dos ojos ser echado en el infierno de fuego (Mat. 18:9).

¡Serpientes! ¡Generación de víboras! ¿Cómo os escaparéis de la condenación del infierno? (Mat. 23:33).

Si tu mano te hace tropezar, córtala. Mejor te es entrar manco a la vida que teniendo dos manos, ir al infierno, al fuego inextinguible... Donde su gusano no muere, y el fuego nunca se apaga (Mar. 9:43, 48).

Pero yo os enseñaré a quién debéis temer: Temed a aquel que, después de haber dado muerte, tiene poder de echar en el infierno. Sí, os digo: A éste temed (Luc. 12:5).

2. *También hay otras palabras y frases en el Nuevo Testamento que se refieren a este lugar de castigo de los impíos.*

a. "Horno de fuego". Mateo 13:42

Y los echarán en el horno de fuego. Allí habrá llanto y crujir de dientes.

b. "Lago de fuego". Apocalipsis 19:20; 20:10

Y la bestia fue tomada prisionera, junto con el falso profeta que había hecho delante de ella las señales con que había engañado a los que recibieron la marca de la bestia y adoraban a su imagen. Ambos fueron lanzados vivos al lago de fuego ardiendo con azufre.

Y el diablo que los engañaba fue lanzado al lago de fuego y azufre, donde también están la bestia y el falso profeta, y serán atormentados día y noche por los siglos de los siglos.

c. "Muerte segunda". Apocalipsis 20:14, 15

Y la Muerte y el Hades fueron lanzados al lago de fuego.

Esta es la muerte segunda, el lago de fuego. Y el que no fue hallado inscrito en el libro de la vida fue lanzado al lago de fuego.

d. "Castigo y tormento eterno". Mateo 25:46;
Lucas 16:23

Entonces irán éstos al tormento eterno, y los justos a la vida eterna.

Y en el Hades, estando en tormentos, alzó sus ojos y vio de lejos a Abraham, y a Lázaro en su seno.

e. "Pena de eterna perdición". 2 Tesalonicenses 1:8, 9

Para dar retribución a los que no han conocido a Dios, y a los que no obedecen al evangelio de nuestro Señor Jesús. Ellos serán castigados con eterna perdición, excluidos de la presencia del Señor y de la gloria de su poder.

3. ¿Quiénes irán al infierno?

a. El diablo y sus ángeles

Entonces dirá también a los de su izquierda: "Apartaos de mí, malditos, al fuego eterno preparado para el diablo y sus ángeles" (Mat. 25:41).

Y la bestia fue tomada prisionera, junto con el falso profeta que había hecho delante de ella las señales con que había engañado a los que recibieron la marca de la bestia y adoraban a su imagen. Ambos fueron lanzados vivos al lago de fuego ardiendo con azufre (Apoc. 19:20).

Y el diablo que los engañaba fue lanzado al lago de fuego y azufre, donde también están la bestia y el falso profeta, y serán atormentados día y noche por los siglos de los siglos (Apoc. 20:10).

b. Los que no creen

El que cree en él no es condenado; pero el que no cree ya

ha sido condenado, porque no ha creído en el nombre del unigénito Hijo de Dios. Y ésta es la condenación: que la luz ha venido al mundo, y los hombres amaron más las tinieblas que la luz, porque sus obras eran malas (Juan 3:18, 19).

Esto sucederá cuando el Señor Jesús con sus poderosos ángeles se manifieste desde el cielo en llama de fuego, para dar retribución a los que no han conocido a Dios y a los que no obedecen el evangelio de nuestro Señor Jesús (2 Tes. 1:8).

c. Los que no tienen su nombre "inscrito en el libro de la vida"

Y el que no fue hallado inscrito en el libro de la vida fue lanzado al lago de fuego (Apoc. 20:15).

d. Los pecadores réprobos

Pero, para los cobardes e incrédulos, para los abominables y homicidas, para los fornicarios y hechiceros, para los idólatras y todos los mentirosos, su herencia será el lago que arde con fuego y azufre, que es la muerte segunda (Apoc. 21:8).

4. *¿En qué consistirá el infierno?*

En Marcos 9:43-48, Jesús dice:

Mejor te es entrar manco en la vida que teniendo dos manos ir al infierno, al fuego inextinguible... *donde su gusano no muere, y el fuego nunca se apaga.*

"Fuego y gusanos", ¿es esto literal o figurado? No importa, el infierno siempre será un lugar de indecible tormento. Podríamos decir que la esencia del infierno consiste en lo siguiente: es la privación de la presencia del Dios de amor, la ausencia de toda felicidad, el remordimiento de la conciencia por las culpas pasadas, la convicción íntima de ser objeto de la justa "ira de Dios", y todos los otros sufrimientos del cuerpo y del alma, que son los resultados naturales del pecado, o los castigos estipulados en la ley de Dios.

La muerte y la salvación

El mensaje del infierno es espantoso, terrible, pero junto a esto hay este mensaje: Dios le ama, él no quiere la muerte del impío; él quiere salvarle.

En lo que concierne al plan de salvación, y al vivo interés del corazón de Dios de salvar a sus criaturas humanas, la Biblia se expresa con una claridad abundante. Veamos algunos ejemplos.

> Porque de tal manera amó Dios al mundo, que ha dado a su Hijo unigénito, para que todo aquel que en él cree no se pierda, mas tenga vida eterna. Porque Dios no envió a su Hijo al mundo para condenar al mundo, sino para que el mundo sea salvo por él. El que cree en él no es condenado; pero el que no cree ya ha sido condenado, porque no ha creído en el nombre del unigénito Hijo de Dios (Juan 3:16-18).

> Por eso, aunque antes Dios pasó por alto los tiempos de la ignorancia, en este tiempo manda a todos los hombres, en todos los lugares, que se arrepientan; por cuanto ha establecido un día en el que ha de juzgar al mundo con justicia por medio del Hombre a quien ha designado, dando fe de ello a todos, al resucitarle de entre los muertos (Hech. 17:30).

> Y todo esto proviene de Dios, quien nos reconcilió consigo mismo por medio de Cristo y nos ha dado el ministerio de la reconciliación: que Dios estaba en Cristo reconciliando al mundo consigo mismo, no tomándoles en cuenta sus transgresiones y encomendándonos a nosotros la palabra de la reconciliación (2 Cor. 5:18, 19).

> Esto es bueno y aceptable delante de Dios nuestro Salvador, quien quiere que todos los hombres sean salvos y

que lleguen al conocimiento de la verdad. Porque hay un solo Dios y un solo mediador entre Dios y los hombres, Jesucristo hombre (1 Tim. 2:3-6).

He aquí, yo estoy a la puerta y llamo; si alguno oye mi voz y abre la puerta, entraré a él y cenaré con él, y él conmigo (Apoc. 3:20).

Conclusión

El estudio de la doctrina del infierno debe despertar en usted, en su conciencia y en su corazón, una sincera inquie tud espiritual. Que esta le lleve a reflexionar seriamente en el destino eterno de su alma.

No se condene. Escape a tiempo de la ira venidera y hágalo ahora, mientras tiene la oportunidad. Si posterga la decisión más importante de su vida, piense que mañana podría ser demasiado tarde. Este es el momento cuando debe abrir su corazón, aceptar la verdad y creer en Cristo Jesús como su Salvador personal y eterno. El es el único que le puede salvar y darle vida eterna.

Hace muchos años conocí a un guatemalteco, cuyo nombre era Alfredo Colón. Este hombre en su juventud había sido un vicioso y malhechor, y a causa de sus hechos delictivos había sido arrestado, juzgado, condenado y encarcelado. Siendo un prisionero, oyó el mensaje del evangelio, empezó a leer la Biblia, y allí en la cárcel y por el testimonio constante de una mujer cristiana, humilde, él se convirtió a Cristo.

Dentro de la cárcel, él se arrodilló, le confesó sus pecados a Dios, mostró un genuino arrepentimiento y le entregó su vida por completo a Jesucristo. Y allí, en la cárcel, Alfredo Colón, quien era compositor, poeta, y tocaba magistralmente el acordeón, compuso un precioso himno que era el testimonio de su experiencia de salvación.

La primera estrofa y el coro de ese himno, dicen así:

Largos años vagué por la senda del mal,
sin consuelo, sin paz, sin amor.

Y en mi senda fatal tuve el hondo pesar,
de ser pobre y un vil pecador.

A mis pies el infierno se abrió,
y clamé con el alma a Jesús;
y al instante el infierno cambió
en la hermosa visión de la cruz.

Alfredo Colón logró salir libre de la cárcel, y los años restantes de su vida los dedicó en forma plena y fructífera a predicar el evangelio de Jesucristo por todos los países de habla hispana. Alfredo Colón ya está en la presencia del Señor. Al morir, no fue llevado al infierno sino que despertó con gozo inefable en el cielo, donde adora para siempre a su Salvador Cristo Jesús.

¿Tomó usted su decisión? Si ya lo hizo, ¿qué está haciendo para que su familia, sus amigos y sus compañeros de trabajo NO vayan al infierno?

CAPITULO 8

El cielo

Apocalipsis 21:1-12; 18-27; 22:1-5

"El cielo" y "el infierno" son los dos destinos finales de todos los hombres en la eternidad. Dos destinos finales, completos y permanentes. Ningún ser humano podrá evitar ir a uno de estos dos destinos. No es cuestión de si creemos o no, de si queremos o no. Es que Dios así lo ha establecido, y no hay fuerza alguna que pueda cambiar los planes y los propósitos del Creador.

También es bueno repetirlo: aquí, en la vida presente, se determina cuál será el destino eterno de cada uno. El tipo de relación personal que establezcamos con el Señor Jesucristo determinará nuestro futuro. Si creemos en él y le aceptamos como nuestro Salvador personal, él nos salva para siempre. Pero si oyendo la predicación del evangelio le rechazamos, entonces, al morir, morimos en condenación eterna.

El cielo

El Nuevo Testamento nos habla mucho acerca del cielo, y se refiere a él empleando diferentes frases y nombres tales como: Vida eterna, gloria, descanso o reposo, conocimiento, santidad, servicio, adoración, la casa de mi Padre.

El cielo del que se nos habla en el libro de Apocalipsis

El Apocalipsis es el último libro de la Biblia. Juan lo escribió hacia fines del primer siglo para enviarlo como mensaje de consuelo y esperanza, a los cristianos del Asia Menor y a otras partes del mundo bíblico antiguo. Estaban sufriendo por su fe en Jesucristo las terribles persecuciones ordenadas contra ellos por Domiciano, emperador de Roma. Es más, el mensaje de este libro es el mensaje de Jesucristo dirigido a los cristianos de todos los tiempos, con el fin de confortarlos en las difíciles luchas espirituales de nuestra peregrinación por el mundo, y para hacernos el anuncio de la victoria definitiva de Cristo sobre Satanás.

El eje alrededor del cual giran las enseñanzas de este libro, consiste de dos verdades generales: (1) la gran lucha entre el bien y el mal, entre la verdad y el error, entre Cristo y Satanás; y (2) la promesa de la victoria aplastante de la justicia, de la verdad, del bien y de la causa del evangelio. En la época presente: tinieblas, pecado, sufrimiento, dolor y muerte. En la época venidera: triunfo, santidad, gloria, gozo, compañerismo, adoración y vida eterna. El apóstol Pablo resume todo esto diciendo:

> Porque considero que los padecimientos del tiempo presente no son dignos de comparar con la gloria que pronto nos ha de ser revelada (Rom. 8:18).

Juan, el apóstol del amor, nos habla acerca de "la santa ciudad ", "la nueva Jerusalén", "la santa ciudad de Jerusalén, que descendía del cielo de parte de Dios". Estas imágenes acerca del cielo, descriptivas, sugestivas, preciosas y significativas, nos dan una imagen clara de ese lugar tan especial.

1. El cielo: lugar y estado

El cielo, de acuerdo con el Nuevo Testamento, es lugar y es estado. Como lugar es "un cielo nuevo y una tierra nueva" para gente nueva; el cielo es un lugar preparado para gente preparada. Jesucristo nos dice que él fue al cielo a preparar moradas o mansiones para nosotros sus discípulos, y que él vendrá para llevarnos a morar con él.

También, el cielo es un estado, porque Dios por su poder cambiará por completo nuestras condiciones. Nos capacitará para adaptarnos a ese lugar glorioso, y todos los salvos viviremos para siempre en un estado de gozo incomparable.

2. El cielo: una descripción

Tarea difícil es esta porque, ¿quién puede describir, en plenitud exacta, por ejemplo, una regia puesta de sol, un mar embravecido, el espectáculo impresionante de una cordillera de montañas, la majestuosidad de un cielo estrellado, la sencillez hermosa y simétrica de una flor, la maravilla del ojo, el misterio cautivador de una sonrisa o, simplemente, toda una historia de amor aposentada en el rostro arrugado de una madre anciana?

El cielo constituirá la esencia de todas las bellezas juntas, la armonía melódica de todas las sinfonías aún no compuestas, el esplendor magnífico de un sin fin de galaxias. ¡Oh, la maravilla del cielo! El apóstol Pablo, hablando del Señor de la gloria, nos dice:

> Más bien, como está escrito: *Cosas que ojo no vio, ni oído oyó*, ni han surgido en el corazón de hombre, son las que Dios ha preparado para los que le aman (1 Cor. 2:9).

Ampliemos ahora estos conceptos de cómo será el cielo por medio de las cosas que no habrá allí, y por las cosas que sí habrá.

Lo que no habrá en el cielo

1. En la ciudad ideal, la Nueva Jerusalén, no habrá enfermedad, sufrimiento, dolor ni muerte

Esta es la consoladora declaración de Juan:

> Y Dios enjugará toda lágrima de los ojos de ellos. No habrá

más muerte, ni habrá más llanto, ni clamor, ni dolor; porque las primeras cosas ya pasaron (Apoc. 21:4).

En este versículo, la frase "las primeras cosas" se refiere a las cosas del tiempo presente, de este mundo; todas las cosas que acarrean dolor y nos hacen sufrir. Lo único bueno que se puede decir del mal es que es temporal. "Las primeras cosas pasaron", afirma el escritor sagrado.

Es la existencia actual del hombre sobre la tierra, no obstante todos los nobles esfuerzos de los gobiernos, de los científicos y de los humanistas por erradicar el flagelo de la enfermedad, el hambre, la guerra y otros males diversos, estas cosas que nos afligen seguirán siendo las espinas en el camino de la vida. Pero en el cielo, ni siquiera existirá la sombra de estos males. Nuestro Señor dice: "Bienaventurados los que lloran, porque ellos serán consolados" (Mat. 5:4). Esto significa que en el cielo no habrá necesidad de hospitales, de doctores, de enfermeras ni de medicamentos. Tampoco habrá cementerios, porque no habrá muerte. ¿No es esto hermoso?

2. No habrá diablo que tiente ni habrá pecado

El diablo es el enemigo número uno de Dios. En su origen en el cielo era un arcángel y él, lleno de vanidad y ambición, quiso ser igual a Dios. Esto fue pecado de rebelión, y Luzbel, que también tenía ese nombre, fue expulsado del cielo y lanzado a la tierra. Aun cuando nuestra mente no alcanza a descifrar todo el misterio que hay en esto, tales son los hechos y en nada nos ayudaría el pretender desconocerlos. Es la realidad de la existencia de esa criatura espiritual malévola, a quien Jesús llamó el "príncipe de este mundo" (Juan 12:31), y el apóstol Pablo "el príncipe de la potestad del aire" (Ef. 2:2).

La labor de Satanás en la tierra, desde su diálogo con Eva en el jardín de Edén, consiste en tentar a los hombres para que pequen, para que al hacerlo desobedezcan a Dios, y así echarle en cara al Creador que sus criaturas no respetan su soberanía ni acatan su autoridad. Este es el gran conflicto de los siglos, en el que el diablo es el instigador y el acusador.

Pero el gran anuncio que nos hace la Biblia es que en "el

cielo nuevo y en la tierra nueva" ya no habrá diablo y, por consiguiente, tampoco habrá pecado. Las declaraciones bíblicas al respecto son claras y contundentes.

> Y el diablo que los engañaba fue lanzado al lago de fuego y azufre, donde también están la bestia y el falso profeta, y serán atormentados día y noche por los siglos de los siglos (Apoc. 20:10).

Y también:

> Pero, para los cobardes e incrédulos, para los abominables y homicidas, para los fornicarios y hechiceros, para los idólatras y todos los mentirosos, su herencia será el lago que arde con fuego y azufre, que es la muerte segunda (Apoc. 21:8).
>
> Entonces dirá también a los de su izquierda: "Apartaos de mí, malditos, al fuego eterno preparado para el diablo y sus ángeles" (Mat. 25:41).

El diablo recibirá su castigo definitivo y permanente, y esto redundará en bendición para los que por la fe formamos el pueblo santo del Señor. Con la desaparición del diablo también se terminarán la pobreza, los enojos y las guerras.

Lo que sí habrá en el cielo

1. Allí estará, en todo su esplendor y gloria, el Señor Jesucristo

La soberana presencia de Jesucristo hará que el cielo sí sea el cielo. Es más, el cielo resulta inconcebible sin la presencia del Señor Jesucristo. El estará allí y los salvos, ya perfectos, lo veremos cara a cara:

> El que estaba sentado en el trono dijo: "He aquí yo hago nuevas todas las cosas." Y dijo: "Escribe, porque estas palabras son fieles y verdaderas" (Apoc. 21:5).
>
> Ya no habrá más maldición. Y el trono de Dios y del Cor-

> dero estará en ella, y sus siervos le rendirán culto. Verán su rostro, y su nombre estará en sus frentes. No habrá más noche, ni tienen necesidad de luz de lámpara, ni de luz del sol; porque el Señor Dios alumbrará sobre ellos, y reinarán por los siglos de los siglos (Apoc. 22:3-5).

2. Allí estaremos en la compañía de todos los redimidos por la sangre del Cordero

El regocijo del compañerismo entre seres que nos amamos se elevará a su más alto nivel. El cielo no será un lugar solitario. Por el contrario, su población será multitudinaria:

> Después de esto miré, y he aquí una gran multitud de todas las naciones y razas y pueblos y lenguas, y nadie podía contar su número. Están de pie delante del trono y en la presencia del Cordero, vestidos con vestiduras blancas y llevando palmas en sus manos. Aclaman a gran voz diciendo: "¡La salvación pertenece a nuestro Dios que está sentado sobre el trono, y al Cordero!" (Apoc. 7:9, 10).

Cómo será el cielo

Un lugar que provocará un agradable asombro por su belleza máxima y por su magnitud. Juan lo describe así:

> Me llevó en el Espíritu sobre un monte grande y alto, y me mostró la santa ciudad de Jerusalén, que descendía del cielo de parte de Dios. Tenía la gloria de Dios, y su resplandor era semejante a la piedra más preciosa, como piedra de jaspe, resplandeciente como cristal (Apoc. 21:10, 11).

Las bellezas de este mundo no se pueden comparar con las bellezas del cielo. Observemos que:

> La ciudad no tiene necesidad de sol ni de luna, para que resplandezcan en ella; porque la gloria de Dios la ilumina (Apoc. 21:23).

¡Qué fenómeno tan interesante! El cielo no será iluminado por ninguna luz natural o artificial, sino que "la gloria de

Dios" lo iluminará. Para la mente humana esto es algo difícil de entender. Pero, la descripción de tanta hermosura, nos invita a querer estar allí para siempre.

1. El cielo será un lugar de pureza y santidad

Toda la belleza exterior y visible será apenas el reflejo de una belleza aun más profunda y maravillosa; es la belleza de la santidad y la pureza. Si dijéramos que el pecado es lo más negro, feo y repugnante que hay, también podríamos decir que la santidad y la pureza del cielo será lo más lindo, diáfano y claro que habrá. Porque

> jamás entrará en ella cosa impura o que hace abominación y mentira, sino solamente los que están inscritos en el libro de la vida del Cordero... (Apoc. 21:27).
>
> Bienaventurados los que lavan sus vestiduras, para que tengan derecho al árbol de la vida y para que entren en la ciudad por las puertas (22:14).

Esto será precioso, vernos libres para siempre de la presencia del pecado. Aquí en la tierra aun los que somos salvos, pecamos. Es cierto que obtenemos algunas victorias parciales. Pero, lamentablemente, más de una vez desobedecemos a nuestro Dios e infringimos sus mandamientos por la concupiscencia de la carne. También es cierto que la experiencia de la salvación es un proceso. Todavía no somos perfectos, pero vamos marchando hacia la perfección. Aún no hemos alcanzado la meta, pero en la misericordia de Dios la alcanzaremos. Miramos con fe y en esperanza hacia ese día de gloria cuando el pecado no se enseñoreará más de nosotros. En esperanza somos salvos y por esto "proseguimos al blanco, al premio de la soberana vocación de Dios en Cristo Jesús, Señor nuestro" (Fil. 3:14, paráfrasis del autor).

2. El cielo será un lugar de mayor conocimiento

Hay una declaración muy interesante del apóstol Pablo:

> Y aun más: Considero como pérdida todas las cosas, en

> comparación con lo incomparable que es conocer a Cristo Jesús mi Señor. Por su causa lo he perdido todo y lo tengo por basura, a fin de ganar a Cristo (Fil. 3:7, 8).

La excelencia del conocimiento de la persona de Cristo es el más alto conocimiento posible.

En otra referencia bíblica se nos dice:

> Ahora vemos oscuramente por medio de un espejo, pero entonces veremos cara a cara. Ahora conozco en parte, pero entonces conoceré plenamente, así como fui conocido (1 Cor. 13:12).

Aquí en la tierra todo es finito, incompleto y relativo. Como criaturas racionales tenemos capacidad intelectual y la oportunidad de adquirir conocimiento. Son múltiples las áreas de conocimiento y en ninguna de ellas llegamos a saberlo todo. Aun los expertos, los científicos y los estudiosos permanecen ignorantes de muchísimas cosas.

En el cielo, nuestra mente estará completamente despojada de toda sombra de duda y de ignorancia. Nada la estropeará. Su potencialidad de alcance eterno la disfrutamos y la aprovecharemos sin límites. ¡Cuántas maravillas nos esperan en el área de conocimiento a quienes por ser salvos, marchamos con paso firme hacia las mansiones celestiales:

> Amados, ahora somos hijos de Dios, y aún no se ha manifestado lo que seremos. Pero sabemos que cuando él sea manifestado, seremos semejantes a él, porque le veremos tal como él es (1 Jn. 3:2).

3. El cielo será un lugar de gozosa y perenne adoración

Una lectura cuidadosa del Apocalipsis nos deja esta impresión: en el cielo la principal actividad consistirá en la adoración que las huestes redimidas le daremos a nuestro Señor. A él, y solamente a él, adoraremos y serviremos.

Nuestra adoración a Dios es una de las bendiciones más grandes que tenemos en nuestra vida de cristianos. Pero, como todavía estamos rodeados de limitaciones y flaquezas, nuestra adoración no es completa ni perfecta. Necesitamos de la mediación de Jesucristo, nuestro sumo Pontífice, y de la intercesión del Espíritu Santo para que nuestra adoración suba delante del trono de la gracia de Dios.

La actividad más sana y edificante en la que el pueblo de Dios se puede ocupar es la adoración. Esta adoración la podemos rendir y expresar valiéndonos de la música, de los himnos, de las oraciones, del oír de la Palabra de Dios, de los testimonios, de la presentación de nuestros diezmos y ofrendas, Pero la adoración principal es cuando dedicamos nuestra vida al Dios de la gloria. En el cielo nuestra adoración a Dios será una explosión espontánea de gratitud a él por lo que hace, y de admiración por lo que es.

Al respecto algunos se preguntan: ¿Habrá aburrimiento en el cielo? La respuesta es: ¡Ni remotamente! Juan, el visionario de Patmos, nos describe una escena de adoración en el cielo que no admite aburrimiento:

> Ellos entonaban un cántico nuevo, diciendo:
>
> "¡Digno eres de tomar el libro
> y de abrir sus sellos!
> Porque tú fuiste inmolado
> y con tu sangre has redimido
> para Dios gente de toda raza,
> lengua, pueblo y nación.
> Tú los has constituido en un reino
> y sacerdotes para nuestro Dios,
> y reinarán sobre la tierra."
>
> Y miré, y oí la voz de muchos ángeles alrededor del trono y de los seres vivientes y de los ancianos. El número de ellos era miríadas de miríadas y millares de millares. Y decían a gran voz:
>
> "Digno es el Cordero
> que fue inmolado,
> de recibir el poder,
> las riquezas, la sabiduría,

la fortaleza, la honra,
la gloria y la alabanza."

Y oí a toda criatura que está en el cielo y sobre la tierra y debajo de la tierra y en el mar, y a todas las cosas que hay en ellos, diciendo:

"Al que está sentado en el trono
y al Cordero sean la bendición y la honra
y la gloria y el poder
por los siglos de los siglos."

Los cuatro seres vivientes decían: "¡Amén!" Y los veinticuatro ancianos se postraron y adoraron (Apoc. 5:9-14).

Conclusión

¡Cuán emocionante ha sido estudiar acerca del cielo, la morada eterna de los justos, aunque apenas hemos explicado un poco de esta linda realidad del cielo. Sin embargo, lo más importante no es cómo es el cielo sino cómo ir a él. Desde ya debemos estar completamente seguros de que al morir iremos a "estar con el Señor". El cielo debe ser nuestra más clara esperanza como luz que alumbre nuestro porvenir.

Entonces, permítame preguntarle: ¿Irá usted al cielo? Puede tener esta seguridad si su nombre está inscrito en "el libro de la vida del Cordero" (Apoc. 21:27). La Biblia cierra su revelación y mensaje con una preciosa invitación:

El Espíritu y la esposa dicen: "¡Ven!" El que oye diga: "¡Ven!" El que tiene sed, venga. El que quiere, tome del agua de vida gratuitamente (Apoc. 22:17).

La decisión está en sus manos. Esperamos que por la fe en Jesucristo haya nacido de nuevo, que pueda gozarse en lo que el futuro nos depara, y pueda cantar himnos como estos:

Allí no habrá tribulación

En la mansión do Cristo está,
Allí no habrá tribulación
Ningún pesar, ningún dolor.
Que me quebrante el corazón.
Será muy triste estarme aquí,
Muy lejos, sí, del Salvador,
Pues moran ya con él allí
Los redimidos por su amor.
Himnario Bautista, Himno 503

Cuán gloriosa será la mañana

Cuán gloriosa será la mañana
Cuando venga Jesús el Salvador;
Las naciones, unidas como hermanas,
Bienvenida daremos al Señor.

No habrá necesidad de la luz el resplandor,
Ni el sol dará su luz, ni tampoco su calor;
Allí llanto no habrá, ni tristeza, ni dolor,
Porque entonces Jesús el Rey del cielo
Para siempre será consolador.
Himnario Bautista, Himno 492